Wohin?
Warum?
Wie war's?

Spröde Liebe
Helgoland

Ute Fischer
Bernhard Siegmund

Ein Buch aus dem

Redaktionsbüro Fischer + Siegmund
In den Rödern 13
64354 Reinheim

Fotos: Fischer (17), Siegmund (17)

Das Buch wurde nach bestem Wissen zusammengestellt. Für die Richtigkeit der beschriebenen Angaben wird keine Gewähr übernommen.

ISBN: 978-3-7557-23752

© 2022 Ute Fischer + Bernhard Siegmund
2. Auflage
Herstellung und Verlag:
BoD – Books on Demand, Norderstedt

Viel mehr als ein Vorwort

Wir haben uns selten so ausführlich auf eine Reise vorbereitet. Siehe auch Literaturverzeichnis. Es ist aber nicht so, dass man alles Wissen über Helgoland aus Büchern und Prospekten einsammeln könnte. Es sieht eher so aus, als ob sich viele berufen fühlten, etwas über „ihr" Helgoland zu veröffentlichen, ohne es mit Jahreszahlen und der Realität richtig genau zu nehmen und stattdessen mit Gefühlen auszuschmücken. Höchst persönliche Berichte, die man in den beiden Kirchen als Paperback oder Broschüre erhält, eröffnen intime Einblicke in Familienschicksale aus mehreren Jahrhunderten. Auch James Krüss, der auf der Insel aufgewachsene Kinderbuchautor und Schriftsteller, vervollständigt mit seinem Buch „Mein Urgroßvater und ich" dieses unbeschreibbare Gefühl der Insulaner. Selbst die verschiedenen Chroniken weichen voneinander ab oder sind interpretationsbedürftig. Ob unser Überblick in allen Aspekten der Realität entspricht, dessen sind wir uns auch nicht sicher. Man könnte meinen, es sei Absicht, die Fremden etwas im Ungewissen zu lassen.

Helgoland – stets ein sprödes Unterfangen

Es war Ende des 18. Jahrhunderts, als sich Pastor Hinkelmann aufmachte, um von Cuxhaven nach Helgoland zu reisen. Das Meer war ihm fremd; der Hauslehrer kam aus dem Thüringischen. Die englische Familie, deren Kinder er in Religion unterrichtete, hatte gute Beziehungen zu Sir Henry, dem damaligen Gouverneur von Helgoland. Es ist nicht bekannt, auf welchem Weg ihn die Anfrage erreicht hatte, ob er den deutschen Prediger auf Helgoland eine Weile vertreten wolle. Hinkelmann fand die Idee spannend und willigte schnell ein.

Dass Helgoland mitten in der Nordsee liegt, daran hatte Hinkelmann nicht gedacht. Vor allem der Kutter „Kronprinz von England", ein entsetzlich nach Schellfisch, Tabak und Tran stinkendes Segelboot mit einer Handvoll fluchender, saufender Matrosen, raubten ihm schnell die Illusion, seine schwarze Soutane könne bei seiner Ankunft Eindruck verschaffen. Schwere Seen schlugen in die Schaluppe und sie ritt mit geblähten Segeln auf grünen Meeresgebirgen. Hinkelmann war übel und er war pitschenass.

Erst nach bangen Stunden nahm er das Angebot der Matrosen an, einen Schluck aus der Rumflasche zu nehmen. Durchweicht und durchgefroren kamen sie nach schier endlosem Kampf im Schein der Abendsonne am Strand von Helgoland an. Hinkelmann musste gar 20 Schritte durchs Wasser waten, ohne dass sich nur eine helfende Hand nach ihm ausstreckte. So beginnt der Helgoländer Roman „Schiff auf Strand" von Meta Schoepp. Wenn ich ihn eher gelesen hätte, wären wir vielleicht woandershin gefahren.

Wie kommt man heute nach Helgoland?

Die Suche nach der günstigsten Anreise von Reinheim im Odenwald offenbarte einige Grausamkeiten; nicht so wie bei Pastor Hinkelmann, aber trotzdem: Helgoland ist nicht so einfach mit einer Fähre zu erreichen wie Amrum oder Borkum, womöglich noch gut getaktet mit der Deutschen Bundesbahn. Um Mitternacht hätten wir in Darmstadt mit dem Zug losfahren müssen, um mit etlichen Nachtaufenthalten auf Bahnhöfen in Frankfurt, Hannover und Hamburg-Harburg rechtzeitig nach Cuxhaven zu gelangen. Jede Verspätung wäre fatal gewesen.

Denn das Seebäderschiff MS Helgoland legt pünktlich um 10.15 Uhr ab und der schnellere Katamaran „Halunder Jet" um 11.30 Uhr. Wer die verpasst, muss – so nett es sein soll - eine Übernachtung in Cuxhaven einplanen und verliert einen ganzen Tag. Jährlich machen zwei Millionen Menschen Urlaub in Cuxhaven. Vermutlich gibt es schon wegen der Schiff-Versäumer Möglichkeiten der einmaligen Übernachtung. Neue Anreisen ab 2022 siehe Seite 108!

Im Internet lesen wir von Flügen nach Helgoland. Klar ab Heide und Büsum; aber das ist noch weiter als Cuxhaven. Tatsächlich finden wir eine Flugverbindung Frankfurt – Helgoland. Zwei Stunden Flugzeit. Abflug in Reichelsheim; unfassbar, das liegt vor unserer Haustüre. Dachten wir. Doch Pustekuchen: Reichelsheim gibt es auch in der Wetterau. Aber auch nur 45 Minuten Fahrzeit und kostenloses Parken. Und dort steht also das Flugzeug, das uns in zwei Stunden nach Helgoland bringen würde. Eine einmotorige MCR 4S für drei Passagiere mit Gepäck. Unser Pilot heißt Thomas. Über den Preis reden wir besser nicht.

Fremdenverkehr auf Helgoland

Die meisten Besucher sind Tagesgäste. Ein paar Hundert erreichen täglich die Nordseeinsel mit Schiffen aus Cuxhaven, Bremerhaven, Hamburg, Amrum und Büsum. So war es im Oktober. In der Hochsaison muss der Besucherstrom gigantisch sein. Bis zu 4.500 Tagestouristen wurden gezählt. Alleine das tägliche Seebäderschiff aus Cuxhaven fasst über 1000 Sitzplätze, der Katamaran „Halunder Jet" fast 700. Und alle kommen gegen 12 Uhr mittags an. Dann ziehen wahre Karawanen vom Südhafen, die „Südstrand" genannte Straße entlang der Hummerbuden in die Zollfrei-Einkaufsstraße „Lung Wai" mit ihren Nebensträßchen. Und gegen 16 Uhr schlendern sie vollbepackt mit Spirituosen und Zigaretten zurück zum Hafen. Diese Gäste brauchen also keine Übernachtung.

Gleichwohl gibt es einige Hotels und Apartmenthäuser, einfache Ferienzimmer und reichlich Ferienwohnungen; auf der Düne sogar ein Bungalowdorf. Trotzdem suchen wir nach einer Empfehlung von der Tourist Information. Eine spröde Angelegenheit, weil das Wort „spröde" für unseren Helgoland-Aufenthalt unserem Wortschatz nicht unbedingt bereichert, aber eine neue Bedeutung erhält. Unsere E-Mail-Anfrage wird erst einmal mit einer Warteparole beantwortet. Zwei Tage vergehen, ohne dass eine Antwort eintrifft. Also erneute Anfrage und eine schnelle Antwort: Wir sollten doch mal in unserem SPAM-Filter nachschauen. Da iss nix. Erneuter Kontakt: „Man habe da etwas übersehen." Dann kommen zwei Angebote, von dem wir sogleich eine Ferienwohnung buchen; auch weil uns dank Ortsplan die gute Lage fasziniert: direkt am Falm mit Aussicht auf Nordsee und Düne. Gleich vorweg: Der Falm ist die schönste Straße Helgolands, quasi die erste Reihe an der Bruchkante des Oberlands, von der man, wie von einer Kapitänsbrücke auf einem Schiff, alles überschauen kann. Wir sind Feuer und Flamme und wollen uns gleich kümmern, was wir in dieser einen Woche alles erobern können. Erneute Anfrage bei der Tourist-Info wegen Führungen und thematischen Rundgängen, die angeblich das ganze Jahr stattfinden würden. Nein, die Guides seien gerade alle krank oder in Urlaub. Aber man habe Flyer, um sich selbst auf den

Weg machen zu können. Einen erhalten wir beigefügt als PDF. Er ist kaum zu entziffern. Das zähe Ringen um Information erinnert an einen alten Roman, durch den ich mich gefressen hatte. Demut ist gefordert.

Unsere kommende Abreise verläuft mit einer gewissen Spannung. Klappt das mit dem Flug? Was ist, wenn Sturm angesagt ist? Dann müssten wir doch mit dem Auto in der halben Nacht losfahren, um eines der Schiffe zu erreichen. Am Tag vorher erhalten wir die erlösende Antwort: Thomas ist zwar noch in Griechenland, wird aber rechtzeitig in Reichelsheim sein, um uns nach Helgoland zu fliegen. Wir fragen uns, ob Thomas ein Berufspilot ist, der für Condor von Griechenland nach Deutschland fliegt und dann – womöglich unausgeschlafen – mit uns am nächsten Morgen in die Luft geht?

Relativ gelassen starten wir am nächsten Morgen mit dem Auto nach Reichelsheim. Das ist unwesentlich weiter, als zum Flughafen Rhein-Main. Den Flugplatz, er liegt nördlich von Florstadt mitten in der Pampa, erreichen wir über schmale asphaltierte Wege. Eine richtig voll ausgerüstete Anlage mit einer langen Startbahn, einem Tower, ein Geschäftsgebäude mit Büros und Restaurant sowie mehreren Hangars.

Wir sind um neun Uhr verabredet. Kein Vorcheck wie in einem großen Flughafen? Keine Gepäckkontrolle? Kostenloses Parken überall außerhalb des Flugfelds. Thomas kommt kurz nach uns an, ein schlanker, sportlicher, geschmeidiger leicht ergrauter Typ. Sympathisch und unkompliziert. Wie in der Fliegerei üblich, duzen wir uns gleich. Der leichte Nebel zwingt uns, noch ein wenig zu warten. Thomas muss sowieso erst noch seinen Vogel aus dem Hangar holen und betanken. Von weitem beobachte ich ihn, wie er die Maschine einfach mit den

Händen rausschiebt. Wir haben Zeit. Ohne uns fliegt er nicht ab. Und wann wir auf Helgoland ankommen, spielt keine Rolle.

Das Fluggerät sahen wir schon im Internet. Im Vergleich zu einer Linienmaschine sieht die MCR 4S aus wie ein Insekt. Wie bei einer Heinkelkabine, das bekannte Mini-Auto aus den 50er Jahren, lässt sich das durchsichtige Kabinendach einfach hochklappen. Thomas verstaut unser Gepäck im Heck und den größeren Koffer auf dem zweiten hinteren Platz als Gewichtsausgleich statt des dritten Passagiers. Über die Tragfläche erklimmen wir die Maschine. Ich hinten, Bernhard vorne neben dem Piloten. Da staunt er nicht schlecht, dass auch er einen Steuerhebel zwischen den Beinen vorfindet und am Fußende zwei Pedale, mit denen nach rechts und links gelenkt wird. Spannend! Aufregend! Thomas reicht uns Sets mit Kopfhörern und Mikrofon, damit wir uns unterwegs verständigen können. Schwere Dinger, die mich an der Brille drücken. Bernhard kriegt eine Haube. Anschnallen! Die Schwimmwesten, Pflicht wenn man über Wasser fliegt, liegen hinter mir parat. Und los geht es.

Der Start, nicht zu vergleichen mit einer Linienmaschine, dauert nicht lange. Nach einem sehr kurzen Anlauf heben wir schnell ab und steigen auf unsere Flughöhe. In der Kabine herrscht so viel Lärm, dass ohne Kopfhörer und Mikrofon keine Verständigung möglich wäre. Im leichten Dunst überfliegen wir unbekannte Dörfer und Waldflecken. Die Anekdote von Franz-Josef Strauß wird lebendig. Der Hobbyflieger soll auch mal so tief geflogen sein, um zur Orientierung die Straßenschilder lesen zu können. Und wir vertrauen auf Goethe: „Man sieht nur, was man weiß". Thomas fliegt ohne Autopilot, immer die Hand am Steuerknüppel, der sich parallel auch zwischen Bernhards Beinen bewegt.

Bernhard hat offensichtlich Mühe, seine Füße so zu platzieren, dass er die Seitenruder-Pedalen nicht berührt. Jedenfalls ermahnt Thomas ihn mehrmals.

Enttäuscht sind wir, dass es hier in Nordhessen so wenige Windräder gibt. Flächen gäbe es aus unserer Vogelperspektive genug. Erst später in Thüringen und Niedersachsen mehren sich Windparks. Voraus: der Paderborner Flughafen. Die Flüge zu den Nordseeinseln bietet ab Reichelsheim nur Thomas an, weil er als Einziger so viel tanken kann, um hin- und zurückfliegen zu können. Die Flugplätze auf den Inseln haben keinen Sprit, begründet er.

Um 10.50 Uhr fliegen wir schon über Bielefeld. Auf 5.000 Fuß sind noch die Bewegungen von Autos zu erkennen. Um 11.10 Uhr über dem Nordostseekanal steht die Benzinuhr noch immer auf „full". Thomas erklärt, dass das mit dem Druck in der Kabine zu tun habe. Erst gegen Ende der Tankfüllung neige sich die Nadel nach links, was „Empty" bedeutet.

Wir sehen kaum Städte von oben. Unter uns breitet sich ein Fleckenteppich von Feldern, Wiesen und kleinen Häuseransammlungen aus. Um 11.20 Uhr kündigt Thomas an, dass wir noch eine halbe Stunde unterwegs sein würden. Die Flughäfen von Bremen und Oldenburg sieht nur er. Um 11.30 Uhr sehen wir einen größeren See unter uns. Den kenne ich wiederum als einzige: das Zwischenahner Meer. Wir überfliegen den Jadebusen. 11.40 Uhr: Wilhelmshaven mit seinen Öl- und Petroleumhafenanlagen. Und dann die Nordsee. Wangerooge und etliche Offshore-Windparks tauchen auf. Um 11.45 Uhr erkennen wir Helgoland am Horizont. Große Frachter ziehen unter uns ihre Bahn. Thomas muss sich erst fünf Minuten vor der Landung anmelden. Er ist dort bekannt. Der Flugplatz befindet sich auf der Düne. Vorher dreht er noch eine Runde über die Felseninsel, um in die richtige Landeposition zu kommen. So erhaschen wir einen Blick auf die lange Anna und die rote Steilküste aus Buntsandstein.

„Grün ist das Land, rot ist die Kant, weiß ist der Sand, das sind die Farben von Helgoland"

Wir landen genauso schnell, wie wir starteten. Es fühlt sich an, als sei Thomas wie eine Möwe einfach heruntergesprungen. Ein paar Urlauber huschen noch schnell über die Landebahn, was natürlich verboten ist. Und dann sind wir auch noch das Motiv einiger Fotografen. Es kommen zwar täglich kleine Zehnsitzer aus Büsum und Heide hier an. Aber unser Floh erheischt schon besondere Aufmerksamkeit. Ahoi!

Helgoland und die Düne

Dass Helgoland aus zwei Teilen besteht, merken viele Besucher erst, wenn sie den Inselplan vor sich liegen haben. Helgoland bedeutet „heiliges Land". Man begrub hier die Häuptlinge. In grauer Vorzeit erstreckte sich grünes Marschland von der schleswig-holsteinischen Geest bis zum jetzigen Helgoland. Diese flache Tiefebene mit einem weit sichtbaren Buntsandsteinfelsen und einem Kreidefelsen entstand vor über 200 Millionen Jahren, lesen wir auf einer Info-Pyramide. Solche Pyramiden stehen überall an den Wegen und beschreiben die Geschichte der Insel.

Helgoland war ursprünglich Teil eines Gebirges und verbunden mit dem heutigen Festland. Nach der Eiszeit stieg der Meeresspiegel um 80 bis 100 Meter. So wurde Helgoland zur Insel in der Nordsee; allerdings wenigstens vier Mal so groß wie heute. Um 1362 gehen unter der

„Manndränke" genannten Sturmflut weite Teile Helgolands unter. 30 Jahre später soll der Pirat Störtebeker hier sein Unwesen getrieben und Helgoland als Stützpunkt genutzt haben. Er hatte es vor allem auf die englischen Kauffahrteischiffe in der Elbemündung abgesehen. 1402 wurden die Kaperschiffe der Seeräuber vor Helgoland vernichtet. Helgoländer Fischer sollen die Ruderanlagen der Piratenschiffe vor dem Kampf heimlich mit Blei ausgegossen haben, um sie manövrierunfähig zu machen. Aus dieser Quelle stammt auch die Sage, dass Störtebeker in Hamburg mit abgeschlagenem Kopf noch an elf seiner Männer vorbeigelaufen sei und ihnen dadurch das Leben rettete.

Der weiße Felsen

Nun verkauften die Helgoländer ihren aus Gips und Kalk bestehenden weißen Kreidefelsen „Wittklipp". Sie gruben ihn einfach ab und verhökerten ihn in riesigen Schiffsladungen nach Hamburg und Holstein. Die Chronik spricht von 99.000 Tonnen zwischen 1463 und 1561. Meta Schoepp bezeichnet diesen Akt als

Habgier: „Die Insulaner trugen selbst den Boden ab, der ihr Schutz war."

Mitte des 16. Jahrhundert spielt der Fischfang auf Helgoland die wichtigste Rolle. Bis zu 340 Schiffe fangen die riesigen Heringsschwärme ein. Doch nach 100 Jahren bleiben die Schwärme aus. Nun folgt der Wal- und Robbenfang in grönländischen Gewässern. Ein Teil der Fischer sattelt um; sie werden Lotsen. Weil es noch keine verlässlichen Seekarten gibt, lechzt die Schifffahrt nach diesen Fachleuten. 1787 erhalten sie das alleinige Privileg des Lotsens rund um die Insel und bestreiten bald dieses Monopol in der gesamten Deutschen Bucht.

Und wieder beutelt das Schicksal die Insel: In der Silvesternacht 1720 zermörsert die tobende Sturmflut den restlichen Steinwall. Mehr als 24 Stunden wütet die See, reißt Häuser und Buden mit sich, zertrümmert Schiffe und trennt die als Weideland genutzte Sandinsel für ewige Zeiten von der Felseninsel. Seitdem tobt die Nordsee zwischen beiden Eilanden.

Allerdings kündigte 2008 der Hamburger Bauunternehmer und Investor Arne Weber an, die Hauptinsel durch Aufschüttung wieder mit der Düne verbinden zu wollen. In wieweit Strömungsgutachten, EU-Naturschutzrichtlinien und Umweltschutzbedenken das Projekt realisierbar machen, ist bis heute nicht geklärt. Aber, so Weber in einem Interview, habe es einen Aufschrei bis nach Japan gegeben. Außerdem kam es zu einem knappen Volksentscheid gegen diese Maßnahme.

Die Düne heute

Auf der Düne befindet sich heute also der kleine Flugplatz, ein Relikt aus der Hitlerzeit. Es gibt einen Campingplatz und ein kunterbuntes Bungalowdorf aus Holzhütten. Zwei Schlafstrandkörbe in der Nähe der Sanitäreinrichtungen des Campingplatzes sind jeweils für eine Nacht zu mieten; sogar mit Picknickkorb, Sekt und Wasser. Ebenfalls in der Nähe des Campingplatzes stehen zwei sogenannte Wikkelhouses, aus 24 Schichten Pappe gewickelt, außen und innen mit Holz verkleidet, angeblich wind- und wasserfest. Die kann man wochenweise buchen.

Die berühmtesten Bewohner der Düne aber sind die Kegelrobben. Eine Kolonie von etwa 20 bis 30 Tieren aalt sich wie lebende Leberwürste je nach Windrichtung an einer der zwei Nordküsten der Düne. Immer wieder wird man ermahnt, dass dies kein Streichelzoo sei, man ihnen nicht näher als 30 Meter auf die Pelle rücken solle und dass der Biss einen Arm durchtrennen könne. Ihre Jungen gebären sie in der Nebensaison, im November und Dezember. Da sind wir wieder weg.

Tschüss Thomas

Er wird uns in einer Woche wieder abholen. Weil es auf der Düne eine zweistündige Mittagspause für Flugbetrieb und für den Shuttle zur Dünenfähre gibt, begleitet uns Thomas zu Fuß zur Fähre. Sie verkehrt alle halben Stunden zwischen Düne und Insel, bei Bedarf auch früher. So klein und kompakt sie aussieht, es passen doch an die 60 Leute hinein. Fleißige Hände packen unser Gepäck und helfen uns ins Boot. Und dann heißt es, sich schleunigst hinzusetzen; denn zwischen den zwei Inseln herrscht ein gehöriger Seegang. Gut acht Minuten dauert die

Überfahrt. Bezahlen kann man nur am Fähranleger auf Helgoland, also im Zweifelsfall, wenn man wieder zur Düne will.

Ankunft auf der Insel

Wir sahen es schon aus der Luft: diese riesige Stufe zwischen Oberland und Unterland. Etwa 50 steile Meter Höhenunterschied liegen zwischen beiden Arealen. Das erklärt, warum Autofahren hier völlig unsinnig wäre. Etwa 1.500 Menschen leben auf der nur einen Quadratkilometer großen roten Felsinsel, die zum Kreis Pinneberg, Schleswig-Holstein, gehört. Ab und an ertönt ein Bedauern, dass die Nachkommen nicht so scharf darauf seien, auf der Insel zu bleiben. Viele verdienen zwar mit dem Tourismus ihr Geld. Aber auch das kann für einen jungen Menschen ermüdend und wenig inspirierend sein, wenn die Entfaltungsmöglichkeiten begrenzt sind. 22 Vereine zeugen von einem gewissen Zusammenhalt. Trotzdem: Auch wir sind in unserer 16.000-Einwohner-Kleinstadt gleichzeitig in zwölf Vereinen, auch wenn uns die meisten seit Jahren nicht zu Gesicht bekamen. Ein paar Elektroautos und -karren befördern Gepäck und Fußkranke. Die wenigen Fahrräder und Elektroroller sind nur Privilegierten erlaubt. Lediglich Kinder dürfen rollern und sich auf Laufrädern fortbewegen. Insofern bleiben die Luft rein, die Straßen und Wege Fußgängerterritorium.

Das Tourismus-Büro

Am Ende des Fähranlegers steht das „Atoll" mit dem Tourismus-Büro. Der stylische Glasbau sollte ursprünglich ein Prachthotel werden.

Sogar einen Architektenwettbewerb soll es gewonnen haben. Irgendein Helgoländer Bürgermeister wollte sich damit ein Denkmal setzen.

Dieses „Denkmal" eignete sich aber nicht zum Betrieb eines Hotels. Darüber machen sich die Leute heute noch lustig. Jedenfalls werden die Räume als Apartments für die Mannschaften der Bohrplattformen in der Nordsee genutzt, die regelmäßig mit dem Hubschrauber ausgetauscht werden. Im Erdgeschoss residiert das Touristik-Büro, das wir gleich nach der Ankunft aufsuchen. Noch zuhause hatten wir erfahren, dass es an dem Samstag unserer Ankunft einen städtebaulichen Rundgang (10 Euro) geben würde. Wir waren zwar angemeldet, holen uns aber jetzt die Teilnehmerkarten ab und gleich noch eine Auswahl an Flyern mit Beschreibungen thematischer Rundwege.

Auch die Kurtaxe ist hier fällig: Pro Person 22 Euro. Mit der Helgoland-Card, gibts jede Menge dubioser Ermäßigungen und Vorteile. Naja: Kurtaxe dient ja schließlich auch als Gebühr für die Benützung der Infrastruktur.

Dann machen wir uns auf den Weg zum Oberland. Gottseidank gibt es dafür den Fahrstuhl, der die Höhendifferenz bequem überwindet.

Helgoland auf vielen Ebenen

Wir deuteten es schon an: Helgoland besteht aus zwei Ebenen, dem Unterland und dem Oberland. Es gibt auch noch das Mittelland und das erst unter dem Nationalsozialismus aufgeschüttete Nord-Ost-Land; davon später.

Ober- und Unterland verbindet seit 1707 eine steile Treppe hoch zum Falm. Früher war diese Treppe nur zweigeteilt. Heute verteilen sich die 182 Stufen auf mehrere Abschnitte mit drei Aussichts-Plattformen. Auf der mittleren Plattform wurde vermutlich der Ermittler Johann

Grasmann von einer Art Mafiosi niedergeschlagen. (Literatur: Die Toten auf Helgoland).

In Meta Schoepps Buch gibt es viele Geschichten über jene Treppe, an deren Fuße das „Pottchen" stand. Heute erinnert nur noch eine bescheidene Wandtafel an die winzige Kneipe mit vier Fenstern und einer schmalen Tür, die sich mit einem rostigen Anker an einem Tau selbst verschloss, wenn sich jemand durch den Einlass gedrückt hatte. Die Fischer saßen an einem langen Tisch mit zwei Bänken und stierten auf die biblisch verzierten Kacheln an den Wänden. Der Wirt stand hinter drei großen Fässern, die er am Strand gefunden hatte. Hier tranken sie von morgens bis in die Nacht Rum und „Heten-Söten", ein Gemisch aus Rum, heißem Bier und Zucker. Angeblich hätte es viele Helgoländer gegeben, die ehrlich gestanden, dass sie den Aufenthalt im Pottchen dem in der Kirche vorzögen. Es waren damals eben wüste Zeiten, die man wohl nur im Suff ertrug.

Das 18. Jahrhundert

1714 wird die Insel von den Dänen überfallen und eingenommen. Zwischen 1751 und 1799 sterben über 500 Helgoländer an den Pocken; immerhin ein Viertel der Bevölkerung.

1806 verhängt Napoleon die sogenannte Kontinentalsperre. Sie soll verhindern, dass Güter aus England und Skandinavien mit den Schiffen über Elbe, Weser und Eider in den Süden gelangen. 1807 erobern und besetzen die Engländer Helgoland. Die Insel erlebt die schlimmste Hungersnot ihrer Geschichte. Dann aber entwickelt sich an Napoleon vorbei englischer Schleichhandel. Die Helgoländer beteiligen sich als Umschlagshändler und Vermieter von Lagerräumen. Einige werden sehr reich. Sogar eine Helgoländer Handelskammer wird gegründet. Zudem sammeln sich für die englischen Schmuggelfahrten die bedeutendsten Seelotsen. In guten Zeiten sind 380 Männer im Lotsendienst beschäftigt. Sie alle haben ihr gutes Auskommen. 1810 werden Güter im Wert von 20 Millionen Pfund Sterling von Helgoland aus verschifft.

Nach dem Fall Napoleons kehrt die Armut zurück. Durch den Friedensschluss zwischen England und Dänemark im Jahr 1814 verliert Helgoland die Privilegien der britischen Kronkolonie. Es gibt keine Schmuggelfahrten mehr und die englischen Handelsfirmen schließen die während der Kontinentalsperre eingerichteten Kontore. Die Insel erlebt erneut, was Hungersnot bedeutet.

Die begehrten Helgoländer Lotsen werden verschmäht. Man braucht sie nicht mehr. Die Betonnung der Schifffahrtswege macht sie überflüssig.

Das Auskommen der Helgoländer besteht Jahre lang darin, die als Ballast über Bord geworfenen Ladungen gekenterter Schiffe aufzusammeln. Fast sehnsüchtig blicken sie bei Sturm aufs Meer, ob nicht ein Schiff mit Roggen oder indischem Rum stranden könnte. Fromme Wünsche, über die auf dem Falm und im Pottchen weniger diskutiert als herumgegeistert wird. Träge Hoffnungslosigkeit wabert über der Insel. Schoepp: „Sie denken an das Elend zuhause und wollen es beim Trinken vergessen!"

Das Seebad

Dass Helgoland zu einer Erfolgsgeschichte wurde, verdankt es dem Schiffszimmermann Jacob Andresen Siemens. Nachdem die Nachbarinseln Norderney, Wangerooge und Föhr bereits Seebäder gegründet und es zu Wohlstand gebracht haben, versucht Siemens, den Helgoländern eine Badeanstalt auf der Düne schmackhaft zu machen. Das Badegeschäft soll die Helgoländer von ihrer Armut befreien. Er wird erst für verrückt erklärt. Aber dann machen doch einige mit und gründen eine Aktiengesellschaft zur Beschaffung des Kapitals. Und das glückt! Mit vier Badekarren beginnt der Betrieb des Seebads 1826. Schon im ersten Jahr machen sich 100 Hamburger von Cuxhaven aus auf den Weg nach Helgoland. Das Geschäft beginnt zu brummen. Ab 1829 verkehrt ein Raddampfer zwischen Hamburg und Helgoland. 14 Stunden dauert die Überfahrt. Und dann folgt noch das mühsame, schaukelige Ausbooten in die sogenannten Börteboote, um an Land zu kommen. Aber die Gäste scheuen keine Mühen für ein bisschen Sandstrand. Ganz im Gegenteil gehören die Börteboote inzwischen zum unverzichtbaren Abenteuer einer Helgoland-Fahrt. 1833 kommen über 300 Badegäste. Fünf Jahre später sind es 1.000, zehn Jahre später 2.000. Heute kommen allein als Tagesgäste bis 4.500 Menschen zum Einkaufen auf der Insel.

Börteboote gehören zum UNESCO-Kulturerbe

2013 feierte die Helgoländer Dampferbörte ihr 60jähriges Jubiläum. Schätzungsweise kamen in diesen Jahrzehnten 25 Millionen mit den Börtebooten auf die Insel. Die bis zu acht Tonnen schweren hochseetauglichen Eichenboote fassen rund 50 Personen. Das Ausschiffen von den vor Anker liegenden Fahrgastschiffen die letzten 100 Meter bis zum Hafen ist eine Tradition seit über 200 Jahren. Freilich heute nicht mehr notwendig, weil es schon seit ewigen Zeiten einen festen Anlegekai für die Schiffe gibt. Aber es gehört zum besonderen Erlebnis „Ankommen auf Helgoland" und dafür nehmen die Passagiere das manchmal schlimme Schaukeln nicht gern, aber notgedrungen in Kauf. Wegen der fehlenden Abstandmöglichkeit findet das Ausbooten wegen Corona derzeit nicht statt.

Normalerweise kommen die Börteboote am Anleger der Dünenfähre an. Die Besucher haben dann einen viel kürzeren Weg ins Zentrum des Einkaufsparadieses.

Jacob Andresen Siemens, der Begründer des Seebads, erhielt eine fast beschämende Gedenkplatte an einer Wand, die an der Kurpromenade in Richtung Museum führt und bei unserem Besuch fast zugewachsen war. Weil keine Bilder von ihm existierten, erfand der Künstler die Fantasiedarstellung eines Helgoländer Schiffers. Siemens war jedoch Schiffszimmermann und Bootsbauer. Überhaupt existierte unter den Helgoländern eine Art Hass-Liebe zu ihm. Ein düsterer, mürrischer, einsamer Mann sei er gewesen. Aufbrausend. Die Beleidigung des englischen Gouverneurs und einiger Ratsmitglieder kosteten ihn seine Aktienanteile am Seebad. Es war wohl die Enttäuschung über die unerfüllte Liebe zu Thora Thielen, der Witwe des Vetters von Baron Thielen, die ihn hart gemacht hatte gegen sich und andere. Jedoch Siemens hatte weitere Qualitäten. Seine Schriften zur Kriegsmarine brachten ihm Anerkennung in Berlin und im Frankfurter Parlament. Doch der Stunk unter den Ratsleuten ging weiter. Siemens wurde 1846 seines Amtes als Gemeinderat enthoben. Um dagegen vorzugehen, reiste er nach London, weil Helgoland damals unter britischer Verwaltung stand. Dort starb er am 19. September 1849 an der Cholera, in äußerster Armut, ohne eine Freundeshand, die ihm die Augen schloss.

Der Fahrstuhl

Für Fußkranke und Eilige existiert heute ein moderner Fahrstuhl mit zwei Kabinen. Begründet wird er 1885 als dampfbetriebener freistehender Fahrstuhl zwischen Unter- und Oberland. Material: Metall und Holz. Da werden bereits über 8.300 Badegäste gezählt. 1903 wird von Dampf auf eine 12 PS-Dieselmaschine zur Stromerzeugung umgestellt. Erst nach dem Zweiten Weltkrieg übernimmt 1960 ein neuer Fahrstuhl im Felsen den Betrieb. Die heutige Ausführung macht einen sehr modernen Eindruck. Außer Lift und Treppe verbinden noch weitere Wege Unterland und Oberland. Einer führt von den Hummerschuppen steil auf dem

Invasorenpfad über die Südtreppe hoch zum Klippenrand. Dort überbrückt die Statue eines Berliner Bären die 456 Kilometer nach Berlin. Den nur 85 Zentimeter hohen Bronzenachguss einer Skulptur von Hidebert Klier (1928 bis 1986) stiftete eine Bank aus Berlin-Wilmersdorf. Der sogenannte „Jagerstieg", eine weitere, sehr enge und sehr steile Treppe, klettert mit etwa 260 Stufen vom Erholungsgebiet Nord-Ost-Land hoch zum Klippenrand.

Merkwürdige und andere Vögel

Hier, in der ersten Falm-Reihe, liegt unsere schöne, geräumige Ferienwohnung. Wie angekündigt reicht der Blick im Wohn- und im Schlafzimmer weit hinaus auf die Düne und die Nordsee. Kein Land am Horizont zu erblicken. Unter unserem Fenster auf dem Falm herrscht reger Fußgängerverkehr: vor allem Fotografen und Ornithologen mit monströsen Fernrohren auf klobigen Stativen. Alle irgendwie in olivgrauer Tarnkleidung. Männlein und Weiblein sind kaum zu unterscheiden. Richtig. Helgoland ist das Mekka für Ornithologen. Als wichtigste Saison gilt dabei der Juni, wenn die wenige

Wochen alten Küken der Trottellummen ihre Nester verlassen und mit einem mutigen Sprung, dem „Lummen-Sprung", circa 40 Meter in die Tiefe plumpsen, obwohl sie noch nicht fliegen können. Aber auch jetzt im Oktober wimmelt es überall, auch hier auf dem Falm, von Vogelbegeisterten aus aller Welt. Sie beobachten und fotografieren, oft auf dem Boden liegend, vor allem Dreizehenmöwen, Eissturmvögel und Basstölpel in Büschen, die wir überhaupt nicht erkennen. Auch auf unserem Fensterbrett im Wohnzimmer stehen einladend zwei Ferngläser, mit denen wir nun versuchen, die Anlegestelle der Dünenfähre im Häusermeer auszumachen. Tatsächlich sehen wir die Dünenfähre unaufhaltsam auf ihrem steten Weg von der Insel zur Düne und zurück.

Wir hatten uns geirrt: Es gibt kein Frühstück in unserem Haus. Also einkaufen für das Frühstück am Sonntagmorgen. Allein im Oberland gibt es drei Edeka-Märkte. Der günstigste für uns liegt gleich um die Ecke an der Nicolaikirche. Seine reichhaltige Frischetheke bietet Wurst, Fleisch, Käse und Fischspezialitäten wie

Räucher-Rollmops oder Heringssalat. Vergeblich suche ich allerdings Äpfel. Eine Angestellte erklärt uns, dass wir dazu wieder aus dem Laden um den Häuserblock gehen; da befände sich die Obst- und Gemüse-Abteilung. Anschließend müssen wir zum Bezahlen wieder in den Laden. Platznot macht eben erfinderisch.

Wir deponieren alles in unserer Ferienwohnung. Weil bis zum städtebaulich-historischen Rundgang noch zweieinhalb Stunden Zeit bleiben, machen wir uns erneut auf den Weg. Die Treppe hinunter landen wir wieder auf der Fußgängerpassage Lung Wai. Noch immer sind die Imbissbuden und ihre Stehtische bevölkert: Fischbrötchen, Bratfisch, Bäckerei, Döner. Aber wir suchen etwas zum Essen im Sitzen mit Messer und Gabel. Von den Restaurants hat um 16.00 Uhr nur ein Thailänder in der Friesenstraße geöffnet. Warum nicht.

Architektur auf Helgoland

Wir waren darauf vorbereitet, dass der sogenannte „Städtebaulich-historische Rundgang" so ganz anders sein würde, als man es auf

Fischerinseln und in Altstädten erwarten möchte. Die Geschichte vom „Big Bang" werden wir anschließend einfügen; denn sie beschreibt, wie Helgoland am 18. und 19. April 1945 von englischen Bomben platt gemacht wurde. Es habe sich um die größte konventionelle Sprengung gehandelt, die die Welt bis dahin gesehen hatte. Zwei Jahre später, am 18. April 1947, versuchen die Engländer mit 6.700 Tonnen Munition, die sie in Stollen und Bunker stapeln, alle Militäranlagen und unterirdischen Systeme der Nationalsozialisten sowie den Großteil der Insel mit einem Schlag zu vernichten. Gottseidank geht die Insel nicht unter, wie geplant. 1952 kehren die ersten Helgoländer zurück und versuchen, die Kraterlandschaft aufzuräumen. Es steht kein Stein mehr auf dem anderen. Wir begehen hier also eine völlig neukonzipierte Stadtlandschaft.

Am Treffpunkt Atoll warten etwa 20 Leute. Um 18.30 Uhr wird es schon dämmrig. Absicht? Vielleicht sehen die Sträßchen im Laternenschein weniger brutal neu aus? Hartmut unser Begleiter mittleren Alters sagt, er wurde auf

Helgoland geboren, wenngleich kein Anflug von Platt zu hören ist. Wir folgen ihm die Lung Wai zurück zum Fahrstuhl und biegen vorher links ein in die Bremer Straße. Sie gilt als Modell-Wohnstraße für das neue Stadtbild. Hier entstanden 1953 die ersten Häuser nach dem Ideal einer zeitgenössischen Stadtlandschaft, inspiriert vom Geist der kubisch-knappen Bauhausbewegung, vermischt mit skandinavischer Leichtigkeit. Statt einer geraden Häuserzeile mit gleichförmigen Bauten ist die Straße gebogen, springen die Hausfluchten lebhaft nach Vorne und Hinten, quetschen sich kleine Gärtlein mit Rosenstöcken und Topfpflanzen dazwischen, lugen Erker in den Weg, wie zufällig verschachtelt. Die asymmetrische Giebelarchitektur täuscht über das systematische Entstehen dieser Häuser hinweg. Der Hamburger Künstler Johannes Ufer entwickelte dazu eine 14-farbige Farbpalette. Die Häuser wurden unter den Bewohnern verlost; nur die Farbe durften sie sich aussuchen. An zwei Stellen kann man in Durchbrüche vom Bunker sehen, die im Felsen unter dem Falm trotz Sprengung übrigblieben. Wie wir hören, sollen auch die restauriert und für Führungen zugänglich gemacht werden.

Über mehrere Gassenwinkel, denen man die Systembauweise nicht ansieht, kehren wir zurück zum Wasser. Entlang des Südstrands reihen sich nun mehrere zweistöckige Hotelbauten, einheitlich mit weißen Balkonfronten. Sie dienen gleichzeitig als Windbrecher für die dahinter liegenden Wohnhäuser. Die nun folgende Zeile der kunterbunten Hummerbuden bilden heute neben der langen Anna Helgolands Wahrzeichen. Diese Neubauten sind nur halbwegs den ursprünglichen Hummerbuden nachempfunden, in denen die Helgoländer während der Kolonialsperre die Waren für die Englischen Kaufleute und Schmuggler lagerten. Früher waren es einfache Schuppen und Werkstätten der Fischer, lange nicht so einheitlich wie heute, sondern je nach Finanzmittel und handwerklichem Geschick zusammengeschustert. Mit Imbiss, Kultur und Souvenirs bieten sie die erste Anlaufadresse für die Tagesgäste. Konstruktiv bilden sie die Stützmauer für das 1947 durch die Sprengung entstandene Mittelland.

Hinter der Kneipe Bunte Kuh biegen wir rechts ab auf den Invasorenweg. Vorbei am Inselkrankenhaus ahnen wir in der herannahenden Dunkelheit die Krater und Sprengmulden, die heute das sogenannte Mittelland bilden. Steil geht's hinauf auf die Falm-Kante. Von oben blicken wir auf die Struktur der Dächer, die dem Riffeln eines Sandstrandes ähneln. Wie ein Schutzschild fügen sich die einzelnen Dächer zusammen, als müssten sie die Insel gegen Bedrohung von oben schützen. Unter uns tauchen Laternen und Hausbeleuchtungen den Ort in eine Art Weihnachtsmarkt. Die Lichter des Binnenhafens blinken weiß und rot. Man ahnt den Hubschrauber-Landeplatz, von dem die Arbeiter auf die Bohrplattformen fliegen. So viel Ruhe liegt in der Luft. Die Vögel schweigen. Es ist kalt geworden an diesem Abend Anfang Oktober. Die kleine Gruppe trennt sich. Die Dunkelheit wird dafür sorgen, dass wir uns am nächsten Tag nicht mehr erkennen. Nur den Tipp vom Gasthaus in der Friesenstraße nehmen wir mit. Angeblich könne man da Knieper essen. Diese rare Spezialität erklären wir später.

Der erste Morgen

Großes Kino: Vor unserem Schlafzimmerfenster geht die Sonne auf. Vom Bett aus breitet sich die Nordsee bis zum Horizont aus. Die Düne döst noch im Morgendunst. Der Nachthimmel zerfleddert in rosagefärbte Querstreifen, als habe der Liebe Gott begonnen, mit Kadmiumrot, Ultramarinblau und viel Wasser ein Aquarell anzusetzen. Der Schlager „Wir bleiben wach, bis die Wolken wieder lila sind" huscht mir durch den Kopf.

Der Klippenrandweg

Der Weg der Wege auf Helgoland. Knapp drei Kilometer lang. Idealerweise beginnt man am

Falm und geht in Richtung Norden. Die gut befestigte Piste kann man auch bei feuchtem Wetter sicher begehen. Selbst wenn man bei jeder Info-Pyramide stehen bleibt, dauert dieser Rundgang nicht länger als zwei Stunden. Diese Pyramiden bieten interessante Hinweise über die Geschichte Helgolands. Als erstes erreichen wir den kleinen Berliner Bären an der Einmündung des Invasorenwegs, der von der Paracelsus-Nordseeklinik emporführt. Überall stehen Bänke, auf denen man bequeme Weitsicht pflegen kann. Einige Doppelliegen laden sogar zum gemeinsam in den Himmel schauen ein.

Der Leuchtturm

Schnell in den Blick rückt der Leuchtturm. Er wurde im Zweiten Weltkrieg als Flakleitstand erbaut und hat als einziges Gebäude den Zweiten Weltkrieg unbeschadet überstanden. 1952 bauten ihn die Helgoländer als Leuchtturm um. In 82 Metern Höhe soll er über das stärkste Feuer aller deutschen Leuchttürme verfügen. In klaren Nächten kann man es über 28 Seemeilen sehen Wir gewöhnten uns schnell an den nächtlichen

Lichtstreifen im 20-Sekundenrhythmus in unserer Ferienwohnung auf dem Falm.

Im 17. Jahrhundert warnten die Helgoländer bei Sturm noch die Segelschiffe mit Steinkohlenfeuern in Eisenkörben vor den Klippen ihrer Insel. Ob sie das wirklich mit voller Verantwortung taten oder auch mal mit Absicht unterließen, verschweigen die Berichte.

Schließlich versprach fast jede Strandung reiche Beute, die das Überleben der Insulaner sicherte. Reis, Rum, Zucker, Getreide, Pelze und Holz konnte man gut gebrauchen. Freilich fuhren trotzdem Mutige mit Ruderbooten hinaus, um die Mannschaft zu retten. Erst Anfang des 19. Jahrhunderts errichtete man einen Turm mit Parabolspiegel und sogenannten Argandischen Lampen. Diese Öl-Lampen wurden 1780 von Aimé Argand erfunden. 1902 entstand ein Nachfolger-Turm, der erst 1945 durch Fliegerbomben zu Bruch ging.

Der Pinneberg

Tatsächlich erhebt sich hier Schleswig-Holsteins höchste Erhebung. Mit 61,3 Metern fällt der Pinneberg fast nicht auf, wenn man es nicht weiß. Manche fragen sich vielleicht trotzdem, warum hier ein Kreuz steht. Jawoll – ein echtes Gipfelkreuz inmitten Pfeilkresse und Huflattich. Ich finde sogar einige Blüten von Schafgarbe für meinen internationalen Kräutertee, der jedes Jahr ein bisschen anders ausfällt, je nach dem, wohin wir reisen.

Vogelpieper und andere

Je näher wir der Langen Anna kommen, umso mehr tummeln sich Ornithologen auf den Wegen. Drei Zürcher Vogelgucker robben mit ihren Kameras durch die Gegend. Selbst wo wir kein Leben erblicken, liegen sie fast auf dem Weg, um ihre Rohre auf imaginäre Ziele zu richten. Nicht nur Seevögel, sondern insgesamt rund 430 Vogelarten wurden bisher auf Helgoland schon gesichtet. Von März bis September brüten bis zu 10.000 Vogelpaare. Und auch jetzt scheint noch viel los zu sein.

Der Höhepunkt sei aber der „Lummensprung" im Juni bis Anfang Juli, wenn die noch flugunfähigen Babys der Trottellummen dem Ruf ihren Eltern folgen und sich waghalsig vom Felsen hinab auf das Meer stürzen. Zu diesen

„Lummentagen" bieten Helgoland-Tourismus, die Vogelwarte Helgoland und der Verein Jordsand von Mitte März bis Ende Oktober jeweils am Dienstag und Freitag um 16.30 Uhr Dünen-Führungen an.

Die Vogelwarte Helgoland

Die zweitälteste Vogelwarte der Welt wurde 1910 gegründet. Damals begann man mit Beringung von Brut- und Zugvögeln den Vogelzug zu erforschen. Dazu wurden die Vögel mit Netzen und Keschern eingefangen. Auch diese Anlage wurde zerbombt und erst 1957 als Zweigstelle von Wilhelmshaven eingerichtet. Jährlich werden mehr als 100 Vogelarten mit über 10.000 Individuen mit Ringen gekennzeichnet und damit ihr Flug in alle Welt beobachtet.

Das Geheimnis der vielen Vogelbeobachter

Erst zuhause entdeckten wir die Erklärung für die vielen Hobbyornithologen Anfang Oktober: Da treffen sich Mitglieder der Ornithologischen Arbeitsgemeinschaft (OAG) zu den jährlichen Helgoländer Vogeltagen. Die fanden zwar wegen Corona zum zweiten Mal nicht wie sonst statt, dafür aber die sogenannte „Birdrace", also ein Wettrennen, welches Team die meisten Vogelarten erspäht. 2021 registrierten sich 44 Teams mit insgesamt 127 Vogelbeobachtern. 118 Vogelarten wurden registriert, darunter auch Solisten wie Fahlsegler, Dunkellaubsänger, Goldhähnchen- und Gelbbrauen-Laubsänger, Schwarzkopf- und Schwalbenmöwe, um hier lesenden Hobbyornithologen Appetit zu machen.

Die roten Felsen

Schon vor dem sogenannten „Lummenfelsen" macht sich die Lange Anna für Fotos zurecht. Steil fallen hier die rotmarmorierten Felsen ins Meer. Angeblich reichen sie bis in 50 Meter Tiefe. Am Felsrand wird die Westküste der Insel von einer 1,3 Kilometer langen Betonbrüstung eingerahmt, als wolle man verhindern, dass die Nordsee am roten Felsen frisst. Diese durchschnittlich fünf Meter dicke „Preussenmauer" wurde bereits 1904 bis 1927 errichtet. Bei den Löchern im Felsen hinter der Mauer handelt es sich tatsächlich um Eingänge zu Kontrollschächten zur Prüfung der Stabilität des roten Felsens.

Die lange Anna (friesisch: Nathurn Stak)

Das Wahrzeichen von Helgoland – Ursprungsname „Nordhorn-Brandungspfeiler", je nach Historiker 47 bis 49 Meter hoch, wiegt geschätzte 25.000 Tonnen. Am 16. Mai 1860 stürzte die ursprüngliche Verbindung zum Festland ein. Für Ute hat diese Höhe eine eigene Bedeutung: In eine so tiefe Gletscherspalte stürzte sie 1965 auf der Marmolata.

By the way: Der Gletscher ist inzwischen abgeschmolzen. Das hat er nun davon. Um die nach einem weiteren Teilabbruch entstandene „Kleine Anna" wird kein Aufhebens gemacht.

Beim Weitergehen schiebt sich schon bald der tief liegende, lang gestreckte helle Strand in unseren Blick. Er gehört zur künstlichen Aufspülung des Nord-Ost-Geländes aus der Zeit der Naziherrschaft, bekannt geworden unter dem Namen „Projekt Hummerschere". Der nördlich der Düne geplante Hafen, sollte die gesamte deutsche Flotte aufnehmen können. Helgoland sollte in einer Bauzeit von 30 Jahren durch gigantische Sandaufspülungen um ein Vielfaches

49

seiner heutigen Größe erweitert werden. Soweit die Planung. Außer der Entstehung des Nordostgeländes und einer Vergrößerung der Düne blieb es bei der Absicht. Doch die strategischen Aktivitäten der Nazi und ihre Sucht nach Weltherrschaft mündeten bei den späteren Alliierten in eine Grundangst, dass diese Insel komplett zerstört werden müsse. Davon später.

Die Festung Helgoland
Ein eigenes Kapitel, um Helgoland besser zu verstehen.

Nicht nur Hitler träumte offensichtlich von Helgoland als gigantischem Hafen. Schon in den deutschen Befreiungskriegen 1848 reifte die Idee von Helgolands idealer Lage als Kriegshafen. Auch der britische Kolonialminister Lord Buckingham dachte 1867 über den Bau eines Hafens nach. Immerhin wurde 1868 eine Coastguard und Rettungsstation eingerichtet und die erste Landungsbrücke gebaut. 1870 versuchte Bismarck vergebens einen Handel mit Großbritannien, um Helgoland gegen eroberte französische Gebiete einzutauschen. 1872 besichtigte Prinz Wilhelm, der spätere deutsche Kaiser Wilhelm II., die Insel und entwickelte die

Vorstellung, dass Helgoland eigentlich zu Deutschland gehören müsste. 1884 entsandte er – inzwischen deutscher Kaiser - den Korvettenkapitän Wilhelm Stubenrauch in geheimer Mission, um auszuspionieren, ob sich Helgoland zum Ausbau einer Festung eigne. 1890 endlich wurde eine Deutsch-Englische Vereinbarung unterzeichnet, die Helgoland gegen Besitzungen in Deutsch-Ostafrika eintauschte. Der angebliche Tausch von Helgoland gegen Sansibar ist jedoch eine Mär, die sich - auch ohne Social Media - schon damals verfestigte. Nur der Name Sansibar hielt sich eisern.

Gibraltar des Nordens

Nach und nach kaufte der deutsche Staat nun Privatgrundstücke auf dem Oberland. 1891 begann der Bau der Festungsanlage. Eine Marinemole zum Anlegen großer Kriegsschiffe entstand, 1892 ein Tunnel mit Schrägaufzug zum Oberland. Damit konnten die ersten Haubitzen (Artilleriegeschütze) hochtransportiert werden. Sie waren 1894 einsatzfähig.

In den Jahren 1908 bis 1914 entstanden 20 Hektar aufgespültes Neuland als Basis für den Bau des Südhafengeländes. Dadurch zerstörte man das wichtigste Hummerfanggebiet Sathurnbrunn. An dessen Stelle entstanden ein Torpedo-Bootshafen, ein U-Boothafen und eine Seeflugstation. Nach der Fertigstellung dieser Anlagen war die „Festung Helgoland" gefechtsbereit.

Der Erste Weltkrieg

Nach der Mobilmachung am 1. August 1914 um 17.00 Uhr wurde verkündet, dass die gesamte Zivilbevölkerung innerhalb von 24 Stunden die Insel zu verlassen habe. Die Seebäderschiffe „Rugia" und Cobra" evakuierten die Helgoländer nach Altona und später auf das Umland von Hamburg. Erst im November 2018 durften diese Menschen wieder zurückkehren. Sie fanden ihre Häuser verwüstet und geplündert. Der Versailler Vertrag am Ende des Ersten Weltkriegs bestimmte im Artikel 15, dass die Insel als Festung geschleift werde. Alle militärischen Anlagen wurden bis 1920 unter Aufsicht der Briten gesprengt. Und doch gelang es den

Helgoländern, einige Stollen und den Tunnel zum Oberland zu retten. Auch am Südhafen wurde nur wenig zerstört.

Die Nazi-Zeit auf Helgoland

Der Beginn des Dritten Reichs ab 1933 war zugleich der Auftakt, die Festung Helgoland wieder erstehen zu lassen. Der Tunnel wurde wieder zugängig gemacht. Eine Feldbahn führte von der Marinemole bis zur Nordspitze. Der ursprüngliche Festungsbau sollte nun wesentlich gigantischer werden, als unter Wilhelm II. Alsbald entstand eine Stadt unter der Stadt mit Lazarett, Bäckerei und sonstigen Versorgungsräumen wie Küche, Waschküche und Toiletten. Unterirdisch lagerten hier auch Torpedos und Gefechtsköpfe. Geschützstellungen und ganze Flak-Batterien wurden an der gleichen Stelle wiederaufgebaut, wo sie im Ersten Weltkrieg standen.

Das Projekt Hummerschere

An vielen Orten erinnern Hinweisschilder an dieses gigantische Projekt, das Helgoland zum größten eisfreien Kriegshafen ausbauen sollte.

Tatsächlich ähnelt der Grundriss zwei Hummerscheren. Es war klar, dass Adolf Hitler mehr als begeistert war, als man ihm bei seinem Besuch im August 1938 das Projekt vorstellte. Gottseidank ging den Beteiligten 1941 das Geld aus, um alle Hirngespinste zu realisieren. Riesige Sandaufspülungen an der Nordseite der Düne wären nötig geworden. So blieb es bei dem heutigen Nordost-Gelände auf Helgoland und den Nordstrand der Düne. Gleichwohl begann man 1939 mit dem Bau des U-Boot-Bunkers „Nordsee II", der 1942 seiner Bestimmung übergeben wurde.

Zu Beginn des Zweiten Weltkrieges am 1. September 1939, war der Flugplatz auf der Düne fertig. Die als Ix-Kreuz angelegten Landebahnen existieren noch heute in gleicher Form. Durch die Bautätigkeiten lebten zeitweise mehr als 10.000 Menschen auf der Insel: 7.000 Arbeitskräfte, 1.500 Soldaten und 800 Marinebedienstete. Zu den Arbeitskräften gehörten auch viele Zwangsarbeiter und Kriegsgefangene.

Kriegsbeginn auf Helgoland

In den Aufzeichnungen von Walter Kropatscheck, eine Art Tagebuch des damaligen Inselarztes, ist zu lesen: *Bereits am 5. September – Kriegserklärung der Engländer – wurden die Bäderschiffe, die sonst die Urlauber transportierten, grau gestrichen und die Promenadendecks mit Persennings verkleidet. Einen Tag später gibt es den ersten Fliegeralarm. Die Luftschutzleitung gibt bekannt, dass man sich geirrt habe. Die Dächer der Hotels werden mit roten Kreuzen bemalt. Täglich landen Ärzte auf der Insel.*

Erster Advent 1939: Auf der Reede dümpeln zur Kriegsmarine eingezogene Fischdampfer. Februar 1940: Jede Nacht fliegen englische Aufklärer die Küste ab. Dezember 1940: Strandgut, wohl auf Grund von Treibminen. Im Wasser schwimmen siebzig Fässer, drei- bis fünfhundert Liter fassend. Sherry, Whisky, Cognac. Die dazu gehörigen Havanna-Importe seien auf Wangerooge angelandet. Februar 1941: Helgoland im Packeis. Der Krieg kleckert vor sich hin wie fast überall in Deutschland. Im Sommer reisen einige Helgoländer sogar aufs Festland. Es gibt Tiefangriffe. Immer wieder bombardieren die Engländer Häuser, es gibt Verletzte unter den Soldaten und unter der Zivilbevölkerung. Kropatscheck macht seinen Job unverdrossen weiter. Er operiert. Er verbindet Wunden. Er veranstaltet wieder Sprechstunden. Das Bedürfnis nach niedersten ärztlichen Verrichtungen scheint unausrottbar zu sein. Er organisiert Bestattungen auf See. Die Toten werden in Decken eingeschnürt, jeder mit einem eingenähten Ziegelstein, damit sie nicht lange herumschwimmen.

1945

Wer von den 2.700 Einwohnern die Insel nicht rechtzeitig verlassen hat, muss sich künftig mit den Luftschutzbunkern arrangieren. Sie verlaufen in schraubenzieherartigen Gängen ohne Stufen vom Oberland ins Unterland und retten Hunderten von Helgoländern vor allem am 18. April das Leben; drei Wochen vor Beendigung des Zweiten Weltkrieges. Man sagt, dass etliche alte Leute mit Absicht bei Luftangriffen nicht in die Bunker gegangen seien und bewusst den Tod in Kauf genommen hatten.

Die sechs aufrechten Helgoländer

Eigentlich sollte der Luftangriff schon zwei Jahre früher, am 18. April 1943 verhindert werden. Eine Gruppe Helgoländer hatte mit den befehlsführenden Engländern verabredet, dass am 18. April auf dem Leuchtturm eine weiße Flagge gehisst werden solle, zum Zeichen der Kapitulation.

WIR WOLLTEN HELGOLAND RETTEN

Auf den Spuren der Widerstandsgruppe von 1945

Georg E. Braun

Erich P. J. Friedrichs

Kurt A. Pester

Karl Fnouka

Martin O. Wachtel

Doch der Plan wird verraten. Angeblich von einem kleinen Fähnrich, der eingeweiht war, Schiss bekam und Meldung machte. 15

beteiligte Personen, darunter fünf Soldaten und zwei Helgoländer, werden verhaftet und in Cuxhaven durch Erschießen hingerichtet. Stolpersteine, wie sie sonst für ermordete Juden verlegt werden, halten auch auf Helgoland das Gedenken an diese Aufrechten wach. Aber man muss sie aufmerksam suchen, um darüber „stolpern" zu können.

Erich P.J. Friedrichs, Lung Wai/ Ecke Friesenstraße
Kurt A. Pester, Lung Wai/ Ecke Siemens-Terrasse
Karl Fuoika, Vor dem Fahrstuhl im Unterland
Georg E. Braun, Kirchstr. unterhalb des Friedhofs
Martin O. Wachtel, am Berliner Bär
Heinrich K. Prüß, auf der Falm an der Apotheke

Über Prüß schrieb seine Tochter Margot: *„Am 8. Oktober 1943 wurde mein Vater von der Gestapo verhaftet und nach Kiel gebracht. Einige Mitbewohner der Insel haben ihn denunziert. In diesem großen Leid zwischen Hoffen und Bangen standen wir ziemlich allein. Dazu kam die Angst, etwas zu sagen oder sich*

einmal zu versprechen. Wir wussten nicht, ist er ein
Freund oder verfolgt man uns weiter. Unsere Hoffnung
starb, als mein Vater zum Volksgerichtshof nach Berlin
verlegt wurde. Das Urteil wurde in Plötzensee voll-
streckt. "

Die Bombardierung am 18. April 1945

Der erste Alarm heulte um 12 Uhr mittags. Die
Menschen eilten in die Bunker und konnten die
Einschläge körperlich fühlen. Die Bombardierung begann an der Westklippe und zog sich
über die Insel bis zur Düne. Schon nach kurzer
Zeit schwiegen alle Helgoländer Geschütze. Da
waren die MG-Schützen schon tot. Mehr als
7.000 Bomben warfen die Briten auf das Insel-
dorf. Das Ganze dauerte nur zwei Stunden. Da-
nach irrten die Menschen über Trümmer umher
und suchten ihre Häuser. Nur wenige standen
noch. Die Straßen waren verschwunden. Und
überall Bombentrichter und rauchende Ruinen.
Der Kirchturm von St. Nicolai wurde, entgegen
anderen Berichten, nicht bei dem Angriff zerstört, sondern zwei Tage später aus Sicherheits-
gründen gesprengt.

Aus den Aufzeichnungen der Gerda Rickmers: *„Auf einem freien Platz hatte man die Hunde erschossen, die sich wie wild gebärdeten. Die Trümmer eines Hauses fielen auf den Kellereingang, wo fünf oder sechs Menschen Schutz gesucht hatten. Sie gaben Klopfsignale. Bei dem Versuch, den Eingang frei zu sprengen, sind alle umgekommen."*

Aus den Aufzeichnungen von Sissy Koops, geborene Denker: *„Am 18. April hatte mein Vater Richard Denker Freiwache. Als das Alarmzeichen ertönte, ging er freiwillig zum Leuchtturm, um den anderen zu helfen. Nach dem Angriff war der Leuchtturm weg. Darin hatten sich alle sicher gefühlt, weil sie meinten, dass der Leuchtturm bei einem Treffer zur Seite fallen würde. Aber der Turm stürzte in sich zusammen. Zwei Männer wurden lebend herausgeschaufelt. Richard Denker, der noch Hilfelaute von sich gegeben hatte, fand man tot, mit einem Eisenträger über der Brust."*

Erni Rickmers, geborene Krüß, berichtete, dass ihr Großvater Jakob Krüß und ihre Tante Lissy Krüß den Bunker nur kurz verließen, um das auf dem Herd stehende Mittagessen zu holen. Sie kehrten nicht zurück. Das Haus erlitt einen

Bombenvolltreffer. Die Suche nach den beiden blieb ergebnislos.

Racheakt gegen die Nazis

Die Ursache für die Bombardierung Helgolands lag vermutlich im aggressiven Angriffskrieg, den die deutschen Nationalsozialisten Europa aufgezwungen hatten. Die Luftangriffe auf Coventry, London und andere englische Städte forderten Revanche. Und die bestand aus der Vernichtung Helgolands.

Die meisten Todesopfer der Bombardierung waren Soldaten. Tausend Bombenflugzeuge übersäten die Insel mit ihrer tödlichen Last. Die meisten der 285 Toten waren Soldaten, davon über 100 Marinehelfer. Diese 15- bis 17jährigen an den Flakgeschützen eingesetzten Jugendlichen kamen fast alle um. Der Verbleib von Zwangsarbeitern und russischen Kriegsgefangenen konnte nicht geklärt werden.

Die Evakuierung

Wieder mussten die Helgoländer ihre Heimat verlassen. Dieses Mal für immer. Sie wurden mit

Schiffen am 19. und 20. April 1945 in den Kreis Pinneberg verteilt. Jeder durfte nur so viel mitnehmen, wie er tragen konnte und das waren die Habseligkeiten, die sie im Bunker bei sich hatten. In ihre Häuser durften sie nicht mehr zurück. Für die sichere Ankunft wurde die ganze Küste vernebelt. Vor Brunsbüttel mussten die Flüchtlinge angstvoll und stundenlang bis zum Anlegen auf den Schiffen verharren.

Sie landeten in engen Dachstuben und auf Bauernhöfen. Die Pastorin Elisabeth Wallmann befragte 50 Jahre nach dem Krieg alte Helgoländer. Sie berichtet in ihren Aufzeichnungen über Hunger und Maisbrot. Für zwei Fische musste man 30 Kilometer laufen. Große Probleme bereitete aber auch die Sprache Halunder (Helgoländisch). Dieser Dialekt des Friesischen ist eine eigene Sprache. Die Erwachsenen konnten natürlich, schon wegen des Seebäderbetriebs, auch Hochdeutsch sprechen. Die kleinen Kinder, die noch nicht in der Schule gewesen waren, konnten nur Halunder und lebten plötzlich zwischen Bauern- und Stadtkinder, die sie nicht verstanden. James Krüss, der Schriftsteller, gab ab

Herbst 1948 ein Mitteilungsblatt für Helgoländer heraus, davon auch jeweils eine Seite auf Halunder. In der Nachschau stellte man fest, dass es für Halunder keine feste Schreibweise gab; jeder schrieb es nach seinem Gehör.

Nach offizieller Beendigung des Krieges besetzen die britischen Streitkräfte die Insel. Die Bunkeranlagen werden mit 6.700 Tonnen Sprengstoff gefüllt und am 18. April 1947 dem Erdboden gleich gemacht.

Aus der Chronik

20.12.1950

Die Studenten Rene Leudesdorff und Georg von Hatzfeld besetzen bis zum 3. Januar 1951 in einem symbolischen Akt die Insel. Sie hissen die deutsche Fahne, die Flagge Helgolands und die Fahne der Europäischen Bewegung. Rene Leudesdorff sagte als 81jähriger 2009 gegenüber der Zeitschrift "Stern", dass er für seine Tat aus dem Jahr 1950 nur einen kargen Dank von den Insulanern selbst bekommen habe. *"Die Helgoländer haben mir als Dank eine Freibadkarte auf Lebenszeit geschenkt."*

29.12.1950

Die Verordnung Nr. 224 tritt in Kraft. Der „Hohe Kommissar der Engländer für Deutschland" verbietet unter anderem das Landen oder Verweilen auf der Insel.

26.03.1951

Eine Regierungsdelegation aus Schleswig-Holstein besucht die Insel, um die Möglichkeiten des Wiederaufbaus zu prüfen. Anschließend wird erklärt, dass mit einer Wiederbesiedelung erst in etwa zehn Jahren gerechnet werden könne.

18.06.1951

29 Personen werden wegen illegalen Betretens und Aufenthalt auf der Insel in Kiel zu Haftstrafen von drei bis sechs Monaten verurteilt.

29.02.1951

Der 81-jährige Helgoländer Hummerfischer Jann Arian Jansen landet am Freitag vor der offiziellen Rückgabe als erster auf Helgoland. Er hisst die Grün-Rot-Weiße Helgolandfahne.

01.03.1951

Die Engländer geben Helgoland wieder an

Deutschland zurück. Bundeskanzler Adenauer erklärt den Aufbau der Insel zur "Herzenssache des ganzen deutschen Volkes". 15 Tage später erklärt das sogenannte Helgoland-Gesetz die Insel zum Wiederaufbaugebiet.

Zurück zur Gegenwart 2021. Am Ende des Klippenradwegs: Der Jägerstieg

Oh weh – als wir hier ankommen, kämpft sich eine junge, aber dicke Frau hinter ihren Gefährten die Treppe „Jägerstieg" vom Strand hoch. 256 Stufen führen im Zickzack zum Klippenrandweg. Hechelnd torkelt sie gegen das Geländer und bringt erst mal kein Wort heraus. Zu fünft gehen wir weiter und tauschen Adressen über Restaurants aus. Ob man nur jetzt im Oktober Reservierungen benötigt oder das ganze Jahr über, ist nicht klar. Angeblich gebe es viel zu wenig Restaurants. Schaumermal.

Vom Klippenrandweg aus sehen wir einen Sportplatz und die gelbe Jugendherberge am Strand. Der Grundstein für das „Haus der Jugend" wurde 1956 gelegt. Lustig finden wir die Beschreibung, dass das Wahrzeichen „Lange

Anna" von hier aus in kürzester Entfernung erreicht wird. Dass man dazu aber erst die 256 steilen Stufen des Jägerstiegs erklimmen muss, wird schamhaft verschwiegen.

Die weiteren Gebäude, die Nordseehalle, das Hochseekino, das Museum, das Kurhotel und das Meerwasserschwimmbad verbergen sich hinter den Bäumen einer größeren Schrebergartenanlage. Das wird ein Extraausflug in den nächsten Tagen.

Die Nicolaikirche

Der Turm in der Optik einer Bleistiftspitze sieht aus, als könne er sich bei Sturm nach innen ziehen. Diese moderne Kirche ersetzte die Vorgängerbauten aus dem 18. Jahrhundert. Der letzte fiel im Bombenhagel 1945. Die jetzige Kirche entstand 1952 mit der Neubesiedlung Helgolands und wurde 1959 eingeweiht. Die Hannoveraner Architekten Peter Hübotter, Rolf Romero und Bert Ledeboer hatten den bundesweiten Architektenwettbewerb gewonnen.

Die Ausstattung stammt zum Teil aus der Vor-
gängerkirche. Wir schlendern noch über den
Friedhofsgarten. Nein, die Gräber sind nicht alt.

Später hören wir, dass bei der Sprengung 1947 natürlich auch der Friedhof nicht verschont blieb. Für wen auch. Es war nicht geplant, dass von Helgoland überhaupt etwas übrigbleiben sollte. Beim Wiederaufbau ab 1952 soll ein schockierter Baggerführer eine bekleidete Frauenleiche in seiner Schaufel gefunden habe.

Jedoch: Nicht alles wurde damals plattgemacht. Ein Maulbeer-Baum überstand den großen „Big Bang", wie die Totalbombardierung genannt wird. Obwohl auch er im Granatenhagel zerfetzt wurde, trieb der rund 150 Jahre alte Stumpf neu aus und breitet seine Arme heute als große Helgoländer Sehenswürdigkeit noch immer in der Kirchstraße aus, als stände er schon immer da. Dabei soll er früher im alten Pastorat Liebespaare beschirmt haben, die ohne Aufgebot und Formalitäten schnell heiraten wollten. Damals war Helgoland als „Liebesinsel" bekannt.

James Krüss

In der Trafalgarstraße, einer kurzen Sackgasse am Klippenrandweg, verbrachte der auf Helgoland 1926 geborene Schriftsteller und

Kinderbuchautor James Krüss seine Ferien. Vom Urgroßvater lernte er das Geschichtenerzählen. Wie auf Helgoland sinnvoll, nannte er die Großmutter im Oberland Obergroßmutter und die im Unterland Untergroßmutter. Der Vater der Obergroßmutter, sein Urgroßvater, ein Hummerfischer, wohnte eben in der Trafalgarstraße. Vis á vis des Wohnhauses habe sich die Hummerbude des Urgroßvaters befunden. Bis dahin dachten wir, dass Hummerbuden immer am Strand stehen wie die touristischen Nachbildungen am Südstrand.

Wie in allen ehemaligen Hummerbuden befand sich im Erdgeschoss das Lager für die Tiener, runde und eckige Körbe aus Holz und Tau, in denen die Hummer gefangen wurden. In der Werkstatt im ersten Stock hatte sich der Urgroßvater eine Drechselbank aufgebaut, auf der er Drehkreisel drechselte und sogenannte Tienerkorken schnitzte. Die halten die Leinen der Tiener über Wasser und kennzeichnen so den Ort der Fanggeräte.

Diese kleine Welt bildete den Ursprung der Fantasiewelt und des Schreibens für James Krüss.

Der Urgroßvater erzählte ihm nicht nur jede Menge Geschichten. Die beiden reimten einzeln um die Wette und auch zusammen die witzigsten Geschichten. Ein allerbestes Grundgerüst, um ein fantasievoller großer Schriftsteller zu werden. Hier ein Beispiel aus seiner Kinderzeit:

Das Schlösschen Ungefähr

Auszug aus „Mein Urgroßvater und ich".

Das alte Schlösschen Ungefähr
liegt zwischen Rom und Sachsen;
doch findet man es ziemlich schwer,
weil ringsum Föhren wachsen.

Der Schlossturm mit der Wetterfahn
ragt ungefähr zum Himmel.
Ich ritt von ungefähr daran
vorbei mit meinem Schimmel.

Ein Traum von einer Schule in Gelb ist die nahe James-Krüss-Schule. Die Grund- und Ganztagsschule bildet Schüler von 1. bis 10. Schuljahr aus, einschließlich Mittlere Reife. Wer weiter will, muss aufs Festland. Ihre Einweihung 1959 erfüllte Krüss sicher mit großem Stolz.

Trotzdem drehte er Helgoland später den Rücken und zog nach Gran Canaria, wo er 1997 starb.

Eine spezielle Hommage über James Krüss mit verschiedenen Hummerbuden findet sich auf dem Freilicht-Museumsgelände. Die Helgoländer sprechen ihn übrigens nicht „Tschäims Krüss" aus, sondern „James Krühs".

Die Helgoländer Bunker

Seit 1940 wurden die Luftschutzbunker in den Felsen gehauen. Als erste bombensichere Zivilschutzanlage auf der Insel führten zwei gegenläufige Wendeltreppen, der so genannten "Spirale" vom Oberland ins Unterland. Die gegenläufige Anordnung bewirkte, dass sich Menschen beim Abstieg sahen und deshalb nicht in Panik gerieten. Ein ausgedehntes Luftschutzstollensystem im Verbund mit einer großen Raumanlage befand sich als Tiefstollen unter dem Oberland. Die Stollensysteme waren miteinander verbunden.

An der Schule wurde ein sogenannter Schulbunker 20 Meter senkrecht in den Felsen getrieben, um Schulkinder schnell in Sicherheit zu bringen. Dann wurde der Stollen „Fuchsbau" erstellt. Allein am 18. April 1945 retteten die Bunker Hunderten von Helgoländern das Leben. Sie saßen drei Tage in den Bunkern fest, während 1000 Flugzeuge ihre Bomben in drei Wellen auf die Insel warfen. Etwa 300 Menschen starben, weil sie das Signal nicht hörten oder nicht hören wollten.

Die Bunkerführungen für 12,50 Euro (im August 2020 noch 5 Euro für Erwachsene) finden auch im Winter statt. Nicht ohne ein gewisses Schaudern folgen wir Hans-Jürgen Brüser, einem ehemaligen Pastor, in den unscheinbaren Einstieg in der Kirchstraße 18 Meter in die Tiefe. Im Grunde ist das gesamte Oberland mit Bunkern durchlöchert wie ein Käse. Zum Bunkerbau holte man sich Fachfirmen aus dem Erzgebirge. In den gesamten Bunker-Anlagen gab es Sitzplätze für die komplette Bevölkerung; jeder Sitz 50 Zentimeter breit. Jeder Mensch hatte seinen festen Platz und durfte auch noch einen Koffer oder eine Kiste für seinen kostbarsten Besitz mitbringen. Es gab eine Großküchenanlage, Räume für Kranke, Ruheräume für Mütter mit ihren Kindern, Geburtsstationen, Toiletten, ein Munitionslager und eine unterirdische Bahnlinie, die bis zur Langen Anna reichte.

Wir folgen Brüser durch die schmalen, nur spärlich beleuchteten Gänge. Einst standen an beiden Seiten Bänke; dazwischen ein Durchkommen nur für Schlanke möglich war. An manchen Tagen mussten die Menschen zwei und drei Mal die Treppen rauf und runter. Während der Kuba-Krise 1961 wurde ein Teil der Bunker sogar atombombenfest ausgebaut.

Die Belüftungsanlage aus dieser Zeit funktioniert noch heute. Es herrscht eine durchschnittliche Raumtemperatur von 14 bis 15 Grad Celsius. 2022 soll ein geplanter Fahrstuhlschacht den Zugang in die Stollen erleichtern. Dann sollen auch andere Bunker befestigt und zur Besichtigung freigeben werden.

Noch ein Weg ins Nordost-Land

Vom Falm aus führen nicht nur der Fahrstuhl und die 182-Stufen-Treppe ins Unterland, sondern auch ein eigener Weg ins Nordost-Land zum Nord-Ost-Hafen. Bei stürmischer See legt die Dünenfähre hier an. Die Kurpromenade führt zum Meerwasser-Schwimmbad. Weiter geht es zum Museum. Unterwegs muss man schon sehr aufpassen, um nicht das Denkmal des Seebad-Initiators zu versäumen. Es ist, wie erwartet, keine Skulptur, sondern ein bescheidenes Wandrelief von Jacob Andresen Siemens.

Trotz dieser tollen Idee hat er sich nicht besonders beliebt gemacht hat bei den damals recht simpel denkenden Helgoländern. Anrührend fast romantisch beschrieb Meta Schoepp hingegen seine schüchterne Verehrung für Thora Thielen. Ruppig und rechthaberisch war er wohl nur zu den Männern und innerhalb der Ratsher-rengespräche. Aber das hatten wir schon.

Das Museum

Es befasst sich als Heimatmuseum mit der Ur-sprungsgeschichte der Bewohner, natürlich auch mit den schicksalshaften Ereignissen, die wir hier auch immer wieder einfließen lassen, mit Trachten, Fotografien, alten Gegenständen. Bereichernd ist ein Lesetisch mit Büchern und Bildbänden über Helgoland. Während unseres Aufenthalts gab es eine Sonderausstellung für Franz Schensky, der wohl berühmteste Fotograf der Insel. 1871 geboren, widmete er sein ganzes Leben den schönsten und dramatischsten Au-genblicken der Insel. Als er 1957 starb, hinter-ließ er einen Fotoschatz von rund 100.000 Schwarz-Weiß-Fotografien unter anderem auch 1.400 Glasplattennegative. Der Museumshof mit einem Leuchtturm, mehreren Hummerbu-den und zwei bekriechbaren James-Krüss-Bü-chern ist vor allem für Kinder gedacht. Ende November findet hier ein romantischer Ad-ventsmarkt statt.

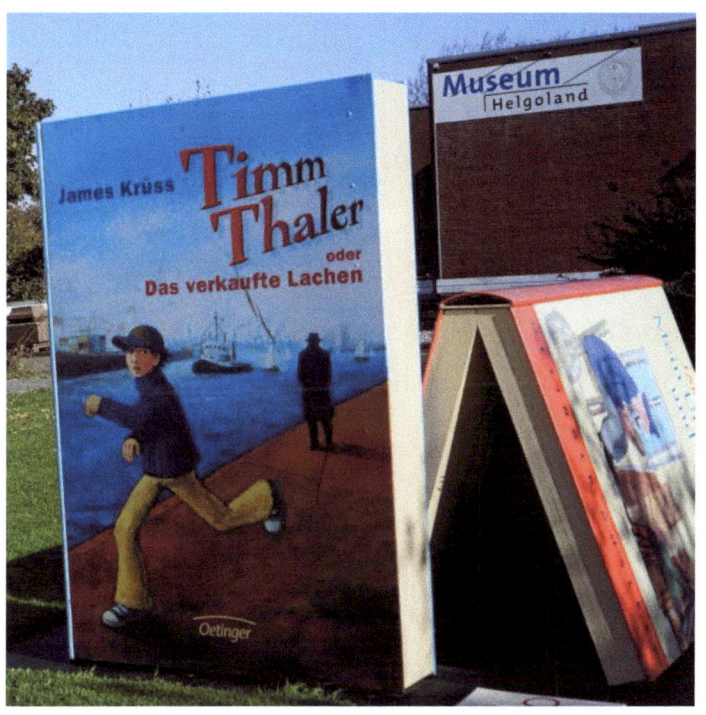

Kein Internationaler Mädchentag auf Helgoland

Am 11. Oktober erinnern uns die Nachrichten, dass heute auf Initiative der Vereinten Nationen (UNO) wichtige Gebäude auf der ganzen Welt in Pink angestrahlt werden. Es geht um die Benachteiligung von Mädchen. Wir sehen das Brandenburger Tor, das Brüsseler Rathaus, der Eifelturm, die Oper in Sidney und andere berühmte Gebäude. Vergebens suchen wir bei unserem Abendspaziergang die Farbe Pink auf Helgoland.

Schlick statt Fango

Eigentlich heißt das sogenannte Kurmittelhaus „Apart- und Kurhotel Land und Meer." Man kann darin Apartments für bis zu vier Personen sowie im Physiotherapiezentrum ambulante Kuren buchen. Die Gesetzlichen Krankenkassen beteiligen sich an den Kosten für den Kurarzt und die Anwendungen.

Folgende Indikationen werden angeboten:

* Allergische Erkrankungen
* Infektanfälligkeit
* Chronische Erkrankung der Atemwege wie Asthma und Bronchitis
* Chron. Krankheiten des Bewegungsapparats
* Psychovegetative Syndrome, Erschöpfungssyndrom
* Krankheiten im Kindesalter
* Chronische Krankheiten der Atemwege, Hautkrankheiten, Psoriasis, Neurodermitis
* Allgemeine Schwächezustände (Rekonvaleszenz, Nervosität, Stress-Situationen).

Als Besonderheit enthält hier die übliche Fango-Packung Schlick aus der Nordsee. Besichtigen können wir das Haus wegen Corona nicht.

Auf dem Rückweg zum Nord-Ost-Hafen finden wir die Gemeindebücherei mit Lesehalle. Eine freundliche Dame zeigt uns die lange Reihe Helgoland-Bücher im Regal. Wir begreifen, dass wir mit unseren bisher gefundenen sechs Schmökern nur einen geringen, aber nicht unwichtigen Teil der Insel-Literatur kennen.

Das Aquarium

Es wurde 2015 wegen Baumängeln geschlossen und sollte eigentlich in diesem Frühjahr wieder öffnen. Das hat wohl nicht geklappt, denn im Oktober 2021 stehen wir vor verschlossener Tür und finden kein Hinweis, wann es wieder losgeht. Dieses Projekt der Biologischen Anstalt Helgoland mit Beteiligung des Alfred-Wegner-Instituts (AWI), betreibt auf Helgoland mehrere Forschungsstätten.

Im End-Ausbau sollen in 19 großen Becken die Tiere und Pflanzen der Nordsee in ihren charakteristischen Lebensräumen zu sehen sein, unter anderem auch Haie und Rochen und einer der letzten Nordseestöre. In einem über 11.000 Liter fassenden Helgolandbecken sollen vor allem Hummer und wärmeliebende Einwanderer wie Streifenbarben und Wolfsbarsche in ihrem Umfeld anschaulich und spannend gezeigt werden. Also schaumermal, wenn es wieder geöffnet ist.

Auch das nahe Hotel-Restaurant Aquarium spannt uns auf die Folter. Es ist nur von 17.00 bis 20.00 Uhr geöffnet und man muss sich telefonisch anmelden. Nur leider geht tagsüber niemand ans Telefon. Endlich Kontakt: Man ist für Tage im Voraus ausgebucht.

Berühmte Besucher

Viele zeitgenössische Schriftsteller weilten auf Helgoland und hinterließen ihre Eindrücke in ihren Werken, unter anderem Kleist, Hebbel, Strindberg, Kafka. In dem 1868 erbauten Theater gastierten Schauspieler des Wiener Burgtheaters, auch Josef Kainz, Lotte Lehmann und Hans Albers. Das Theater gibt es freilich nicht mehr. Aber einige Restaurants bieten in ihren Sälen verschiedene Gastspiele an.

Heinrich Heine und die Nordsee

Eine romantische Hommage nicht nur auf Helgoland, sondern auf die Nordsee und etliche Nordseeinseln hinterließ Heinrich Heine, 1797 bis 1856: „Die Eingeborenen sind meistens blutarm und leben vom Fischfang, der erst im nächsten Monat, im Oktober, seinen Anfang nimmt. Viele dieser Insulaner dienen auch als Matrosen auf fremden Kauffahrteischiffen und bleiben Jahre lang vom Hause entfernt, ohne ihren Angehörigen irgendeine Nachricht zukommen zu lassen. Nicht selten finden sie den Tod auf dem Wasser. Ich habe einige arme Weiber auf der Insel getroffen, deren ganze männliche Familie solcherweise umgekommen; was sich leicht ereignet, da der Vater mit seinen Söhnen gewöhnlich auf demselben Schiffe fährt."

Und an anderer Stelle: „Auch von Helgoland war ich fasziniert. Wie viele Dichter und Denker stattete ich der Insel über die Jahre einige Besuche ab. „Das Meer ist mein wahlverwandtes Element und schon sein Anblick ist mir heilsam. Der Himmel hängt voller Violinen und auch ich rieche es jetzt, die See duftet nach frischgebackenem Kuchen", schwärmte er auf einer seiner Reisen nach Helgoland.

Stolz sind die Helgoländer auch auf den Physiker Werner Heisenberg. Seine grundlegenden Ideen zur Theorie über die Quantenmechanik entwickelte er hier während eines Urlaubs.

Das Wetter auf Helgoland

Während unserer Oktoberwoche hatten wir keinen einzigen Regentag; wohl mal einen Schauer. Aber den konnten wir mit der Kapuze abwehren. Im Schnitt kann man auf Helgoland alle Wetter erleben: Mit rund 2.000 Sonnenstunden pro Jahr scheint die Sonne häufiger als in allen deutschen Regionen, allerdings ohne große Hitze und ohne große Kälte. Selten wird es wärmer als 25 Grad Celsius und kälter als 2 Grad. Im Herbst toben auch mal Stürme mit bis zu 150 Stundenkilometern. Dann türmt die Nordsee bis zu zwölf Meter hohe Wellen auf. Das ist die Stunde für „Stormwatching", wie es eine bestimmte Klientel bevorzugt.

Ausflug auf die Düne

Mehrmals hatten wir versucht, eine Dünen-Führung beim Verein Jordsand in einer der Hummerbuden am Südstrand zu vereinbaren. Entweder war niemand da oder telefonisch gab es nur eine Ansage vom Anrufbeantworter. Auch zu den angegebenen Zeiten war niemand vor Ort zu erreichen. Deshalb schreiben wir hier weder die Telefonnummer noch eine E-Mail-Adresse. Überhaupt nährte sich bei uns der Eindruck, dass man Buchungen nur nach Lust und Laune aufnimmt.

Also machen wir uns alleine auf den Weg mit der Dünenfähre, mit der wir bei unserer Ankunft am Flugplatz ankamen, aber viel zu aufgeregt waren, um das Treiben der Fähre genau zu beobachten. Ungefähr 50 Passagiere passen in die Nussschale.

Die Einstiegsluke bleibt stets offen; da stehen normalerweise zwei kräftige Gesellen, die den Passagieren Beine machen. Der Skipper sitzt auf einem erhöhten Steuerstuhl. Im Nu sind wir drüben.

Wo anfangen? Wir orientieren uns nach rechts in Richtung Bungalowdorf. Der Oktoberwind treibt uns vor sich her. Das Bungalowdorf liegt wie ausgestorben. Verständlich. Es ist einfach zu kalt und zu windig, um auf der Terrasse zu sitzen. Die 57 kunterbunten Holzhäuser sind zwischen 34 und 55 Quadratmeter groß und bieten je ein Wohn-Esszimmer, eine volleingerichtete Küche und ein bis zwei Schlafzimmer.

Tatsächlich treffen wir ein paar Junge Leute auf einer der Terrassen. Weil wir keinen Dünen-Plan dabeihaben, lassen wir uns einfach vom Leuchten des Südstrands ablenken und versäumen daher den Friedhof der Namenlosen, auf dem die Wasserleichen bestattet werden.

Eigentlich schade. Außerdem sollen hier Sanddornsträucher wachsen. Jedoch die Chili-Sanddorn-Bonbons, die wir im Souvenirshop auf dem Falm kauften, stammen aus dem Kreis Hildesheim. Hätte ja sein können; denn sehr viel Sanddorn wächst zum Beispiel auf der Nordseeinsel Borkum.

Hinter einer Barriere von Tetrapoden, das sind die vierfüßigen, etwa sechs Tonnen schweren Betonblocksteine, die als Wellenbrecher die Ufer schützen sollen, breitet sich das goldgelbe Band des Südstrands aus. Nur wenige Leute stochern im Sand oder stapfen warm eingemummelt an der Wasserkante. Einige sind sogar mutig und laufen durch Wasser. Avisiert waren 14 Grad Celsius in der Luft und im Wasser.

Wir sind fasziniert von einem größeren Schiff am Horizont; sieht aus wie ein Kreuzfahrtschiff, das dort festgemacht hat. Boote lösen sich vom Schiff und fahren anscheinend zum Südhafen. Mit dem Fernglas erkennen wir, dass es sich nicht um die üblichen offenen Boote handelt, sondern um geschlossene Tenderboote. Guck an; dabei hatte man uns doch erzählt, dass es derzeit keine Börteboote gebe. Wir vermuten, dass dies kein Seebäderschiff, sondern wirklich ein Kreuzfahrer ist, der seinen Gästen mit eigenen Booten einen Tagesausflug ermöglicht.

Das Dünen-Restaurant am Leuchtturm hat geschlossen. Anscheinend immer am Mittwoch. Auch die Strandkörbe sehen irgendwie schon eingemottet aus. Schade, wir hätten hier gerne

eine kleine Fischmahlzeit mit Meeresblick eingenommen. Also ein Schluck aus der eigenen Was-
serflasche und weiter.

Der rot-weiß-geringelte Leuchtturm, erbaut
1936, besteht aus Eisenteilen auf einem runden
Betonsockel, ist 15 Meter hoch und sein Licht-
schafft es bis zu elf Seemeilen in Weiß, in Rot
und Grün etwas kürzer. Er wird von Helgoland
ferngesteuert. Vermutlich frisch gestrichen,
sieht er aus, wie ganz neu.

In der Ferne machen wir eine Gruppe aus. Das
ist sicher die ursprünglich geplante Dünen-Führung. Wir rekapitulieren, dass wir jetzt nicht erfahren, welche Tiere hier um die Düne

schwimmen und welche Gräser versuchen, den Sand festzuhalten. Auch der Helgoländer Felssockel soll hier zu sehen sein. Aber wir werden die Düne trotzdem auf unsere Weise erobern.

Eine junge Frau klärt gerade ihre Gruppe über die Kegelrobben auf, die sich hier am Strand aalen. Können Robben aalen? Eher sehen die rund 30 Tiere aus wie graue Leberwürste, die sich im Sand wälzen. Zweie balgen sich gerade fürchterlich, als sei einer in ein falsches Revier gerobbt.

Mehr als 30 Meter sollte man nicht näherkommen. Gerade so kurz vor der Geburt ihrer Babys seien sie sehr aggressiv. Der Biss einer Robbe könne ein Bein durchtrennen. Danke. Gelegentlich sollen sich auch Seehunde unter die Badenden mischen.

Wir orientieren uns Richtung Flugplatz, auch weil dieses Restaurant sicher geöffnet ist. Im Osten liegt die Aade, ein flacher Geröllstrand mit kleinen stark abgerundeten Steinen, die von den Brandungswellen laut klackernd hin- und her gespült und so rund geschliffen werden. Ihr Sound ähnelt einem leisen Schlagzeug. Hier findet man angeblich Fossilien wie Seeigel, Muscheln und Schwämme, auch Bernstein, Donnerkeile sowie die begehrten roten Feuersteine. Fossiliensammler, die man an ihrer gebückten Haltung erkennt, haben es nicht leicht, sich über den sich rollenden Untergrund zu bewegen. Wer schon einmal auf dem Pico, höchster Berg Portugals auf der Azoreninsel Pico, war, kennt die höllische Gefahr, in diesem Geröll keinen Halt mehr zu finden.

Der Wind bläst gerade so saukalt, dass uns der Weg um den Flugplatz zu lang ist. Also schummeln wir uns unter dem einfachen Drahtzaun durch und laufen über die Landebahn. Das ist verboten. Man sollte es vor allem unterlassen, wenn ein Flieger im Anflug ist. Nur langsam tauen meine kalten Finger an der Heizung im Restaurant an der Cappuccino-Tasse auf.

An der Nordseite der Düne weht der Wind sanfter. Das nennt sich Nordstrand. Gerade räumt ein Bagger die von Büschen und Strandhafer einrahmten Dünenkuhlen auf. Er schaufelt die vollgeblasenen Dünenstuben leer und schleudert den ausgeschaufelten Sand in die höheren Regionen des Dünenbewuchses. Im Frühling und Sommer sind das sicher lauschige Stellen zum Sonnen und Ruhen. Am Horizont liegt die Felseninsel so nah, als ob man hinüberschwimmen könnte. Um die nächste Ecke zeigt sich die Fähre. Wir müssen rennen, um sie zu erreichen. Im Hafen angekommen fällt sofort auf, dass die Tagestouristen schon weg sind. Nur wenig Menschen schlendern über den Lung Wai. Die Duty-free-Shops sind schon geschlossen.

Fernsicht aus unserer Fewo

Auf unserem Ausguck im Wohnzimmer beobachten wir das noch immer ankernde

Kreuzfahrtschiff. Mit dem Fernglas näher dran als auf der Düne, sehen wir, dass die orangefarbenen Tenderboote bereits hochgehievt und in die Schiffseite eingepasst werden. Die Lichter des Schiffs leuchten schon eine Weile. Um 19.00 Uhr lichtet das Schiff den Anker und ist sehr schnell am Horizont verschwunden.

Am Abend ergattern wir ein typisches Norddeutsches Essen: Pannfisch mit Senfsoße und Bratkartoffeln. In allen bisherigen Restaurants fanden wir ordentliche trockene Weine, teilweise sogar einen guten Primitivo oder Merlot. Es ist klar, dass es keinen fangfrischen Fisch von Helgoland geben kann. Es gibt so gut wie keine Fischer mehr. Der Fisch kommt vermutlich mit den Seebäderschiffen von Cuxhaven und Büsum und ist manchmal sogar eingefroren. Andererseits ist der Umsatz überschaubar, weil ja ausrechenbar ist, wie viele Gäste übernachten und sich abends ein Restaurantessen gönnen. Bemerkenswert: Zu keiner Zeit war ein Gericht auf der Speisekarte aus. Nur den Knieper, den wollten alle vorbestellt haben. Angeblich sei die Saison dafür im Oktober sowieso vorbei.

Der Weg der Tagesgäste

Weil wir im Oberland wohnen, machen wir ihn also umgekehrt und gehen die Treppe hinunter bis zum Lung Wai; gerne mit Halt auf einer der Zwischenplattformen, um über die schon bunt gefärbten Bäume auf die Düne zu blicken. Gar nicht so wenige Leute kommen uns entgegen, neben „Sparbrötchen", trainieren aber auch nicht wenige, wie auch wir teilweise mehrmals am Tag, obwohl wir jeder eine Zwölferkarte für den Lift besitzen.

Auch wir stiefeln mehrmals treppauf. Am Ende blieben noch fünf Aufzug-Tickets ungelocht übrig, die wir einem verblüfften älteren Herrn schenken, der gerade die Lift-Tarife studiert

Paradies der Shopper

Helgoland ist zolltechnisch Ausland. Die hier verkauften Waren sind zoll- und mehrwertsteuerfrei. Dieses Privileg stammt noch aus der Zeit, als Helgoland britische Kolonie war. Zollbestimmungen gibt es trotzdem. Wer mehr einkauft, als erlaubt ist, muss es beim Zoll anmelden. Was sind die Schnäppchen? Zigaretten natürlich und Spirituosen. Angeblich gäbe es mehr als 850 Whiskysorten. Und natürlich Parfum, Mode und Schmuck, Kameras, Porzellan, Ferngläser, Mode. Unsere Meinung: Wir haben keine Vergleichs-Erfahrungen mehr mit Zigarettenpreisen, aber was an Modelabels und speziell Outdoor-Mode angeboten wird, bewegt sich auf einem Preisniveau, dass sich selbst ermäßigt so horrend anfühlt, wie man sie zuhause nicht ratzfatz an einem Tag ausgeben würde. Und wer die Preise für hochwertigen Whisky und Cognac nicht im Kopf hat, noch für Sorten, die man nicht kennt, kann gar nicht abschätzen, ob das Schnäppchen wirklich ein Schnäppchen ist.

Am Vormittag träumt die Einkaufspassage am Lung Wai noch vor sich hin. Die meisten Geschäfte auch in der Siemensterrasse und der Friesenstraße öffnen erst gegen Mittag, wenn die Tagesgäste eintreffen und gute Umsätze in kurzer Zeit versprechen. Der Fisch-Imbiss duftet aber schon nach frischem Bratfisch. Die Schlange vor der Bäckerei entsteht aber wegen

Corona und den Hygienevorschriften. Offeriert wird ein sehr schönes Sortiment an Brot, Snacks und süßen Teilchen. Das Traditionsgebäck „Sokkerstruwen", von dem ich gelesen hatte, gibt es allerdings nur in der Weihnachtszeit. Am „Atoll" schwenken wir nach rechts zum Südstrand. Das Denkmal des August Heinrich Hoffmann von Fallersleben erinnert an den Schöpfer unserer Nationalhymne.

Der Südstrand

Hier etablierte sich eine Reihe von Hotels und Apartmenthäusern mit wohlklingenden Namen wie Strandhotel, Haus am Meer, Hanseat und andere in zweiter und dritter Reihe. Die vorderste Reihe alle in Weiß und mit langgestreckten Balkonen und vorgelagerten Rasenflächen. Im Sommer steht hier sicher alles voll mit Gartenstühlen und Sonnenschirmen. Jetzt offeriert ein einziges Café im Freien leichte Gastronomie für Kälte-Unempfindliche. Hauptsache, die Sonne scheint.

Die Meile der Hummerbuden

Dann beginnt die Reihe der kunterbunten schmalen Hummerbuden, als Nachbau der ehemaligen Geräteschuppen der Fischer. Früher waren die natürlich weder bunt angemalt noch so ebenmäßig. Darin überwiegend kleine Geschäfte, Imbiss, Kunst und Kultur. In Hummerbude 10 residiert das Standesamt.

Der Helgoland-Marathon

Wie soll das gehen auf der knapp einen Quadratkilometer großen Insel? Es geht! Dazu starten die Sportler am Musikpavillon, laufen acht Runden eines Minimarathons mit 5,25 Kilometern Länge plus 195 Meter Startvorgabe durch das Nord-Ostland und den Klippenrandweg auf dem Oberland. Das ergibt mit 42,195 Kilometern genau die richtige Lauflänge. Bei Redaktionsschluss stand der Termin schon fest: 7. Mai 2022.

AWI – das Alfred-Wegner-Institut

Seit 1892 an sechs verschiedenen Stellen erforscht die Biologische Anstalt Helgoland (BAH) die maritime Tier- und Pflanzenwelt und ihre Lebensgemeinschaften in der Nordsee. Als wichtigster Beitrag des deutschen Meteorologen sowie Polar- und Geowissenschaftlers Alfred Lothar Wegeners (1880 bis 1930) zur Wissenschaft gilt seine – erst posthum anerkannte – Theorie der Kontinentalverschiebung, die zu einer wesentlichen Grundlage für das heutige Modell der Plattentektonik geworden ist.

Vorbei am überschaubaren Binnenhafen schlendern wir an die Ostkaje, die den Südhafen umschließt. Auch hier wirkt ein AWI-Institut, das aber wegen Corona nicht besichtigt werden kann. Klar, es ist ja keine touristische Attraktion, sondern eine Forschungsanstalt. Wir gehen also einmal ums Carré und landen wieder auf der Hafenstraße, die entlang des Südhafens verläuft.

Das Südhafenterminal ist ein gläserner Bau mit wettergeschütztem Warteraum. Das reizende Café mit eigener Kaffeerösterei wird von freundlichen jungen Leuten betrieben. Der Kaffee schmeckt uns so gut, dass wir ihn frisch geröstet auch gleich als Souvenir mitnehmen. Auf dem Tisch entdecken wir eine Madagaskar-Palme, etwa 15 Zentimeter hoch. Der Baristo staunt, als wir ihm von unserem inzwischen vier Meter hohen Exemplar zuhause berichten

Am Helgoland Kai, auf manchen Karten auch Südkaje genannt, landen zu Corona-Zeiten täglich die Seebäderschiffe und der Katamaran; beide nahezu um die Mittagszeit. In einer Seitenstraße entdecken wir hinter einem Drahtzaun die SAR-Station, der Such- und Rettungsdienst der Bundeswehr mit Hubschrauberplatz, den auch die Mannschaften der Ölplattform nutzen, die im „Atoll" ihre Land-Freizeit verbringen.

Endlich Knieper!

Auf den Heimweg und stolpern wir am Kaiende fast in das kleine Hafenrestaurant „Sailor's"; das uns mit dem Wort „Knieper" anlockt.

Vergebens hatten wir bisher dieses Lokal gesucht, das uns der Flieger Thomas empfohlen hatte: Knieper essen am Hafen! Jetzt oder nie. Es ist zwar noch nicht einmal 12 Uhr mittags, aber das lassen wir uns nicht entgehen. Wie von Thomas avisiert, handelt es sich um indonesische Betreiber, die allerdings sehr gut deutsch sprechen. Wir finden ein lauschiges Plätzchen, an dem es nicht allzu sehr zieht.

Trotzdem ziehe ich mir die Jacke wieder an. Nun also Knieper. Was ist das? Ursprünglich war es nur der Beifang des exklusiven Helgoländer Hummers. Die Scheren des Taschenkrebses werden in Salzwasser gekocht und dann mit Baguette und Cocktailsoße zu einem kleinen Salat serviert. Als Besteck gibt es eine lange dünne Gabel, mit der das Krebsfleisch aus den schon ausgebrochenen Scheren gezupft wird. Dazu ein guter Rosé. Da braucht es kein Sterne-Restaurant, um kulinarisch glücklich zu sein. Angeblich fängt man auf Helgoland noch 100 bis 120 Hummer pro Ausfahrt. Wir hätten ja gerne einen probiert, fanden ihn aber nirgendwo auf der Karte.

Unser Gepäck hatten wir schon vorher am Schalter der Dünenfähre deponiert. Natürlich erreichen wir die Düne zur Mittagszeit. Außer dem Restaurant am Flugplatz ruht wieder der gesamte Verkehr: Keine Abflüge, kein Taxi und kein Shuttle zum Flughafen. Da sind die Helgoländer eisern. Also machen wir uns zu Fuß auf den Weg. Es dauert kaum 15 Minuten. Und unser Gepäck rollt hinter uns her.

Als Abschiedsdrink gönnen wir uns im Flughafen-Restaurant den Helgoländer Eiergrog. Es existieren dafür etliche Rezepte im Internet. Man braucht 4 cl brauner Rum, 2 cl Eierlikör, 2 Eier, 10 Gramm Zucker.

Die Eier und den Zucker im heißen Wasserbad schaumig schlagen und in vorgewärmte Grog-Gläser schütten. Rum und Eierlikör separat erhitzen und zu der Eiermischung geben. Sofort servieren.

Kaum sitzen wir im Restaurant und haben uns ein leckeres Essen bestellt, meldet sich Thomas.

Er habe erst jetzt starten können, weil bis vor Kurzem dicker Nebel die Wetterau einhüllte. Ankunft ungefähr 14.00 Uhr. Wir schwelgen noch einmal in Fisch, der freilich nicht von Helgoland stammt; aber darüber beginnen wir keine Diskussion mit der freundlichen Bedienung. Noch ein schöner Rosé zum Abschied und da landet Thomas schon. Was für ein Privileg, so reisen zu dürfen. Er trinkt ein alkoholfreies Bier und dann geht es zu seinem Flieger.

Dieses Mal soll ich vorne sitzen, damit Bernhard hinten mehr Platz für seine Beine hat. Dabei hatten wir ihm schon ein Kissen gebastelt, weil er auf dem Hinflug etwas hart sitzen musste. Wir klettern über die Tragflächen in die Maschine. Dieses Mal ziehen wir gleich die über Wasser vorgeschriebenen Schwimmwesten an. Zum Ausziehen über Land ist es sicher zu eng. Aber sie stören auch nicht sonderlich. Schon die Aussicht, in ungefähr zwei Stunden wieder an unserem Auto zu stehen und die Heimfahrt antreten zu können, fasziniert uns. Noch ein Blick zurück auf Helgoland und die Düne, dann geht es aufwärts.

Wir fliegen in einer Höhe von 10.000 Fuß. Unter uns ein Meer von Wolken. Ein weißer Teppich mit Mustern, als habe ihn ein Riesen-Land-Rover mit groben Reifen durchpflügt. Hoch über uns ziehen ein paar Düsenjets ihre Schleppe aus Kondensstreifen in den tintenblauen Himmel. Reinhard Mey sitzt hinter uns und grinst. Ja, so oder so ähnlich muss dieses Lied wohl entstanden sein.

Irgendwann frage ich Thomas, woran er erkenne, wo er die Wolken durchstechen müsse, um wieder unter ihnen zu landen. Wie als stumme Antwort endet die Wolkendecke. Sie hört tatsächlich kurz vor Reichelsheim, unserem Zielflugplatz, auf. Wenn das kein Service ist.

Nachlese
Aqua Ventus
Das weltweit größte Wasserstoffprojekt

Es klingt erschreckend: Aber allein von Tourismus wäre Helgoland schon lange bankrott. Der Juwelier hadert, auch Geschäfte mit noch immer hochpreisigen Luxusklamotten kommen nicht auf ihre Kosten. Soviel Schnaps und Zigaretten können die Tagestouristen gar nicht kaufen, damit die Insel sich selbst finanzieren könnte. In den 1970er Jahren kamen noch 800.000 Touristen pro Jahr. Heute hat sich diese Zahl halbiert. 2015 hatte Helgoland 30 Millionen Schulden.

Unbemerkt von Tagestouristen und Langzeiturlaubern vollzieht sich bereits seit 2011 ein Wandel auf der Nordseeinsel zur Serviceinsel für Offshore Windkraft. Zeichen davon sahen wir: Die Männer in Black, die rund um das Hotel Atoll mit dem Handy in der Hand sehr wichtig aussehen. Es spricht sich bei den Besuchern schnell herum, dass das „Atoll" nicht mehr als Hotel dient, sondern als Stützpunkt für das Service- und Wartungspersonal der Windkraftanlagen, die man als Urlauber gar nicht zu Gesicht bekommt. Sie stehen im Norden der Insel. Man sieht sie nur nachts vom Leuchtturm aus; ihre Warnleuchten flackern. Die drei Windparks „Nordsee-Ost", „Amrumbank-West", „Meerwind" erzeugen mit rund 200 Windrädern etwa ein Gigawatt; so viel wie ein kleines Atomkraftwerk. 2022 soll ein vierter Windpark ans Netz gehen.

Helgolands Bürgermeister Jörg Singer hat aber noch weit Größeres vor. Helgoland soll zum Zentrum der deutsche Wasserstoffwirtschaft werden. Hunderte neuer Windkraftanlagen sollen vor der Insel Wasserstoff erzeugen, der per Pipeline nach Helgoland gebracht und dort auf das Festland verschifft werden soll. Es ist eines der größten Wasserstoffvorhaben, die derzeit weltweit geplant sind. Mit von der Partie sind die EU und die deutsche Regierung sowie die Großen der europäischen Energieindustrie: RWE, Vattenfall, Ørsted, Siemens und über 60 Konzerne und Forschungszentren. Ziel sind Wasserstoffvolumina, wie sie heute die deutsche Chemieindustrie verbraucht: rund eine Million

Tonnen. Für diese große Nummer würden sich die Windkraftanlagen im Norden verzigfachen. Am Südhafen müsste Land aufgeschüttet werden für ein Terminal, das den Wasserstoff exportiert.

Die Helgoländer fremdeln mit dieser Aussicht. Die meisten Mitarbeiter der Energiekonzerne sind Spezialisten und kommen vom Festland. Neue Jobs für Insulaner wird es also kaum geben. Dafür aber ordentlich Gewerbesteuer wie jetzt schon seit 2015. Aber was werden die Touristen sagen? Und auch die Vogelschützer warnen. Nachts fliegende Drosseln würden schon jetzt von den Rotorblättern regelrecht zerhackt. Seetaucher können zwischen den Windrädern nicht fischen. Eine Bürgerinitiative könnte das ganze Projekt noch stoppen. Und die Energiekonzerne könnten sich an Helgoland vorbei direkt aufs Festland orientieren. Und ob der agile Bürgermeister, kein gebürtiger Helgoländer, sich durchsetzt mit seinem Projekt, ob er 2022 überhaupt wieder als Bürgermeisterkandidat antritt?

Literatur

Die Nordsee, Heinrich Heine, 2004, Husum-Druck

Schiff auf Strand, Meta Schoepp, 1987, Verlag Maren Knauß

Mein Urgroßvater und ich, James Krüss, 1959, Verlag Friedrich Oettinger

Das Asyl auf dem Felseneiland, Georg Rittschlag, 1840, Reprint, MK Verlag

Nächte und Tage auf Helgoland, Walter Kropatscheck, 1989, Verlag Maren Knauß

Helgoland ist frei, 2007, Kirchengemeinde St. Nicolai, Helgoland

10 Minuten mit Gott auf Helgoland, 2020, Albrecht Simon, kath. Kirche St. Michael, Helgoland

Die Zerstörung Helgolands, Elisabeth Wallmann, 1995, Kirchengemeinde St. Nicolai, Helgoland

Die Inselfestung, Erich-Nummel Krüss, 2020, Museum Helgoland

Die Toten auf Helgoland, Anna Johannsen, 2021, Edition M

Neue Anreisemöglichkeiten nach Helgoland
Ab Frühling 2022 wurden zusätzliche Verbindungen eingerichtet. Der Ostfriesische Flugdienst (OFD) fliegt Mittwoch bis Sonntag zweimal täglich von Uetersen bei Hamburg nach Helgoland. Preis für eine Strecke 169 Euro. Der Katamaran „Adler-Jet" fährt ab Norddeich über Norderney nach Helgoland und zurück. Fahrzeit 2,5 Stunden. Ein weiterer Katamaran, der „Nordlicht" startet von Büsum nach Helgoland. Der Katamaran „Nordlicht II" verbindet Cuxhaven mit Helgoland.

Weitere Bücher von den Autoren

Azoren – wundersame Inselwelt im Atlantik

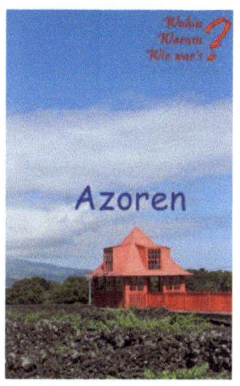

Der Archipel der neun Vulkan-Inseln ragt aus den Tiefen des Atlantiks. Wir besuchten die Hauptinsel São Miguel, Horta auf Faial und sehr ausführlich die Insel Pico samt Besteigung des 2.351 Meter hohen Pico, höchster Berg Portugals. Auswanderer-Freunde zeigten uns die reizvollsten Punkte.

ISBN: 978-3-7412-8040-5, 11,99 €, E-Book 4,99 €

Rom – Bernini, Borromini, Caravaggio, und viele Skandale

Unterwegs mit einer Kunsthistorikerin erfasste uns die Leidenschaft nach den Kulissen der Antike und berühmter Filme, nach den von Rivalität und tiefem Hass gesteuerten Meisterwerken der Barockbaumeister und nach den Werken Caravaggios, dem wilden cholerischen Maler.

ISBN: 978-3-7448-5660-7, 12,99 €, E-Book 4,99 €

Patagonien – ein aufregendes Ende der Welt

Zwölf neugierige Menschen unterwegs mit SKR auf einer riesigen Distanz. Sie erlebten Buenos Aires, Ushuaia, den Beagle-Kanal, die Naturparks Feuerland und Torre del Paine, Puerto Natales, El Calafate und die Gletscher Gray und Perito Moreno, und auch noch Santiago de Chile und Valparaiso.

ISBN: 978-3-7431-8152-6, 11,99 €, E-Book 5,49 €

Island mit dem Schiff

Anstatt viele tausend Kilometer auf der unwirtlichen Insel mit dem Auto abzureiten, reist es sich bequem mit Schiff und Bus-und Zodiak-Ausflügen zu den berühmten Sehenswürdigkeiten. In zehn Tagen hat man das Wichtigste stressfrei erlebt und dabei gut geschlafen und exzellent gegessen

ISBN: 978-3-7460-3453-9, 12,99 €, E-Book 8,99 €

Zugspitze: Warten auf Panorama

Die Aussicht auf 400 Alpengipfel ist weder stündlich noch täglich mög-lich. Wir beschrieben erleb-nisreiche Ausflüge rund um dieses grandiose Zeitfenster, dazu die Varianten, wie man trotz kaputter Seilbahn ge-nussvoll den Gipfel von Deutschlands höchstem Berg erreicht.

ISBN: 978-3-7528-2329-5, 7,99 €, E-Book 4,99 €

Apulien – im Schlaraffenland des Stauferkaisers

Dieser anfängliche trendtours-Alptraum endete mit viel Be-geisterung für Städte, Land-schaften und Kulinarik. Wir sahen Matera, Castel Monte, Alberobello, Lecce, Bari, Gal-lipoli, Martina Franca, Loco-torondo, Otranto, Ostuni, Cisternino, die gigantische

Castellana Grotte und auch noch Amalfi.

ISBN: 978-3-7528-3887-9, 11,99 €, E-Book 6,99 €

Norderney im Winter - kein Fall von Toter Hose

Wenn die Weihnachtsbesucher wieder abgereist sind, beginnt auch für die Gäste bis Ostern eine reizvolle Zeit, in der sie mit den Insulanern näher zusammenrücken. Fast alles läuft weiter: Kur- und Badeeinrichtungen, Kino, Conversationshaus, etliche Museen und die meisten der typischen Inselrestaurants.

ISBN; 978-3-7392-4299-6, 7,99 €, E-Book 4,99 €

Schicksalsberg Marmolata – mit Fassatal

Das Abenteuer der 18jährigen, die nach 52 Jahren nicht im Fedai-Stausee auftaute. Spurensuche nach einer Gletscherspalte, die es nicht mehr gibt, nach überlebenden Bergrettern, nach den touristischen Pionieren der Dolomiten und des Fassatals. Ein Reisebericht voller Mystik und kleiner Wunder.

ISBN 978-3-7481-7279-6, 12,99 €, E-Book 8,49 €

Marokko preiswert + gut

Ein Königreich für unseren Urlaub. Das klingt verlockend. Aber in einem arabisch-muslimischen Kulturraum ist es erleichternd, wenn unser Reisebericht Sie an die Hand nimmt, beim Besuch von Medinas, Souks und Moscheen und der vier Königsstädte Marrakesch, Fès, Meknes und Rabat. Wir reisten mit RSD.

ISBN: 978-3-7481-9206-0, 13,99 €, E-Book 8,99

Gardasee auf die Billigtour

Es gibt Reisen, über die kann man nur noch schmunzeln. Aber selber schuld, wenn man am Geld spart. Wenn das Essen gerade noch zum Fotografieren taugt und die Reiseleiterin, um sie auf den Mond zu schießen. Wir haben uns trotzdem amüsiert in Limone, Malcésine, auf der Halbinsel Sirmione und besonders in der Arena von Verona. Aber ein Trendtours-Angebot kommt nie wieder auf den Tisch.

ISBN 978-3-7392-4299-6, 6,99 € E-Book 3,49 €

Unbekanntes Mittel-Irland

Von Dublin zu den Aran-Inseln. Diese Reise gibt es in keinem Katalog. Ziele und Routen entsprangen Eckhard Ladner, ein schwäbischer Sozialwissenschaftler, der seit 35 Jahren in Irland lebt und für Gruppen den Busdriver und Reiseführer gibt. Die Route führt von Dublin nach Mullagh, Laughcrew zur Normannenburg Trim Castle, nach Tullamore und Athenry, zur Aran-Insel Inisheer, nach Graggaunowen, Galway, Loop Head nach Kilkenny.

ISBN 978-3-7481-9700-3, 11,99 €, E-Book 5,49 €

Schottland und Insel Skye

Das erste Mal Schottland –Highlands im Norden, viel Landschaft, viele Schafe, wenig Menschen. Neun plus Reiseleiter kehrten wir nach nur acht Tagen zurück mit lebhaften Geschichten und Bildern eines Schottlands aus rauer Zeit bis heute. Wir durchfuhren die Grampians, den Caledonia Canal. Hier wurde gemetzelt und gefeiert. An vielen Orten schauriges Gedenken an Bonnie Prince Charlie, James Bond, Harry Potter und anerkennend an Theodor Fontanes Schottland-Reise „Jenseits des Tweed". Highlight war die Insel Skye im Westen.

ISBN. 978-3-7494-7878-1, 12,99 €, E-Book: 6,99 €

Toskana für Anfänger

Die Toskana ist riesig. Irgendwo muss man ja anfangen; daher wählten wir sieben Ziele, die aus zentraler Lage mit Auto oder Bus gut zu erreichen sind: Florenz, Pisa, Lucca, Siena, San Gimignano, Volterra, Certaldo und das Chiantigebiet als Heimat von heute ausgezeichneten Weinen. Auch ohne Sterne an Restaurants speisten wir überall vorzüglich. Der geschichtliche Input kam von zwei tollen Stadtführerinnen. Frei nach Goethe: Man sieht nur, was man weiß.
ISBN 978-3-7534-0170-69-8, 21,99 €, E-Book 7,99 €

Sehnsuchts-Trip Sankt-Lorenz-Strom

Eine Rundreise über New York, Niagara, Toronto, Thousand Islands, Montreal, Québec, Halifax, Lunenburg war eine aufregende Suche in die Geschichte Kanadas mit historischen deutschen Spuren. Viele wollten Herrscher von Neu-Frankreich sein. Aber letztlich urbanisierten europäische Siedler die Ufer der großen Wasserstraße. Ab Montreal fuhren wir auf der AIDADiva. Nova Scotia und Bar Harbour mit dem Acadia Nationalpark weckten neue Sehnsüchte.
ISBN 978-3-7519-3477-0, 14,99 €, E-Book 5,99 €

Kassel mit Maske

Kassel, die zweitgrünste Stadt Deutschlands, ist mit einer gewieften Stadtführerin ein Erlebnis. Der riesige Landschaftspark, Stationen der Grimms und der Unternehmerfamilie Henschel, zugängliche Documenta Kunstwerke und gekonnte Beispiele kritischer Rekonstruktion der Kriegsschäden. Wir durchstiegen die größte barocke Kaskadenanlage der Welt. Ohne Wasser. Ohne Besuchergedrängel. Gigantomanie eines Landgrafen. Im Habichtswald die Künstler-Nekropole. Kassel pflegt seine Toten. Hubertus Meyer-Burkhardt gefiel das Buch.

ISBN 978-3-7526-2445-8, 9,95 €, E-Book 3,49 €